■母音語幹用言（規則用言は省略）■

＜白抜き数字は初出の課を示します＞

□ル不規則用言〔▶p.148〕

3 上がる, 登る

오르 　오르 　올라

3 押す

누르 　누르 　눌러

□ハダ不規則用言〔▶p.92, ▷p.138〕

15 する

하 　하 　하여 または 해

4 速い

빠르 　빠르 　빨라

9 流れる

흐르 　흐르 　흘러

□特殊ヒウッ不規則用言〔▷p.42〕

4 こうする

이러 　이러 　이래

4 そうする

그러 　그러 　그래

4 ああする

저러 　저러 　저래

■子音語幹用言（規則用言は省略）■

□ピウプ不規則用言〔▶p.146, ▷p.16〕

1 ありがたい

고맙 　고마우 　고마워

1 楽しい

즐겁 　즐거우 　즐거워

1 手伝う, 助ける

돕 　도우 　도와

1 近い

가깝 　가까우 　가까워

13 美しい

아름답 　아름다우 　아름다워

□特殊ピウプ不規則用言〔▷p.18〕

1 うかがう

여쭙 　여쭈 　여쭈어 または 여쭤

1 お目にかかる

뵙 　뵈 　뵈어 または 봬

□ティグッ不規則用言〔▶p.125〕

4 効く

듣 　들으 　들어

11 歩く

걷 　걸으 　걸어

15 聞き取る

알아듣 　알아들으 　알아들어

□シオッ不規則用言〔▷p.40〕

4 治る

낫 　나으 　나아

4 作る, 建てる, 名づける

짓 　지으 　지어

4 腫れる

붓 　부으 　부어

9 より良い, ましだ

낫 　나으 　나아

■語幹と語尾の組み合わせ■

□終止形□

7 あるかな？

있 나

7 あるかな？

있 는가

7 良いかな？

좋으 ㄴ가

11 食べる？

먹 니

7 ありますかね？

있 나요

7 ありますかね？

있 는가요

7 良いですかね？

좋으 ㄴ가요

3 良いんだねえ 　**3** 食べるんだねえ 　**11** 食べる／食べる？ 　　**12** するなあ

좋 구나 　　먹 는구나 　　먹으 ㄹ래 　　　하 ㄴ다

3 良いんですねえ 　**3** 食べるんですねえ 　**11** 食べます／食べます？ 　**12** 食べるなあ

좋 군 요 　　먹 는군 요 　　먹으 ㄹ래 요 　　먹 는다

15 あったか？ 　　**15** あったねえ 　　**15** あったけど 　　**12** 良いなあ

있 던가 　　있 더구나 　　있 던데 　　　좋 다

15 ありましたか？ 　**15** ありましたねえ 　**15** ありましたけど

있 던가 요 　　있 더군 요 　　있 던데 요

2 行こう 　　**4** 行く？ 　　**9** 行くよ

가 지 　　가 지 　　가 지

2 行きましょう 　**4** 行きますか？ 　**9** 行きますよ

가 지 요 　　가 지 요 　　가 지 요

12 食べるので 　**12** 良いので 　　**14** 食べるねえ 　**14** 良いねえ

먹 는데 　　좋으 ㄴ데 　　먹 는데 　　좋으 ㄴ데

12 食べますので 　**12** 良いですので 　**14** 食べますねえ 　**14** 良いですねえ

먹 는데 요 　　좋으 ㄴ데 요 　　먹 는데 요 　　좋으 ㄴ데 요

9 する 　**9** 食べる 　**8** 良い 　**8** するのか？ 　**7** しよう 　**8** しろ 　**8** せよ

하 ㄴ다 　먹 는다 　좋 다 　하 냐 　하 자 　해 라 　하 라

□接続形□

3 食べる(の)か 　**3** 食べるように 　**4** 食べてこそ 　**9** 食べ 　**15** 食べたり

먹 는지 　　먹 도록 　　먹어 야 　　먹어 　　먹 거나

3 良い(の)か 　　**1** 食べるから 　　**4** 待っていて 　　**7** 食べながら

좋으 ㄴ지 　　먹으 니까 　　기다리 다가 　　먹으 면서

3 良い(の)か 　　**4** 食べると 　　**11** 待ってから 　　**13** 食べるやいなや

좋으 ㄹ지 　　먹으 니까 　　기다려 ㅆ 다가 　　먹 자마자

□連体形□ 　　　　　　　　　　　　　　□体言形□

10 かよっていた～ 　**13** かよった～ 　　**2** 食べること 　**5** 食べること 　**15** 食べること

다니 던 　　다녀 ㅆ 던 　　먹 지 　　먹 기 　　먹으 ㅁ

しくみで学ぶ
中級朝鮮語

内山 政春 著

白水社

この教科書の音源は白水社ホームページ（https://www.hakusuisha. co.jp/book/ISBN9784560065310.html）からダウンロードすることができます（お問い合わせ先：text@hakusuisha.co.jp）。

装丁　株式会社アイ・ビーンズ

まえがき

はじめて白水社から機会をいただき2008年に世に問うた『しくみで学ぶ初級朝鮮語』の続編として本書を出すことになりました．『初級』は改訂版として同時に再登場します．

朝鮮語学習者の急増にともない初級教科書の種類は格段に増えましたが，中級教科書とセットになったものは数えるほどしかありません．後で述べるとおり中級教科書の作成にはさまざまな困難がともなうからですが―――もちろん初級教科書の作成にもむつかしい点はあるのですが―――，長いあいだ筆者の本務校では適当な中級教科書を探すのに苦労をしてきました．ある時期，あるクラスではスキットのみ韓国発行の教科書のものを用い，それに『初級』と同じスタイルの，ただしずっと簡略化したプリントを作成して授業に臨んだこともあります．そんな状況のなかで，結局『初級』と同じ構成の中級教科書をはじめから筆者自身が作成することを決め，数年前には私家版としておおよその形ができていました．

たまたまそのころ放送大学の朝鮮語中級相当科目の講師を勤める機会を得て，本務校で用いていた上記の私家版教科書に手を加え，放送大学の教科書として出版しました．しかしラジオ放送を聞きながら用いることが前提となっているその教科書を『初級』と同じスタイルにすることはむつかしく，筆者にとって心から満足できるものにはなりませんでした．

今回『初級』と同じ構成で出版できることになったことをたいへんありがたく，またうれしく思っています．このような経緯から，結果的に，特にスキットは放送大学の教科書をほぼ踏襲しているのですが，もともと放送大学の教科書が私家版にもとづいて作られたものだということをご理解いただければさいわいです．

さて，朝鮮語にかぎらず外国語学習における『初級』の目標は，その先何とか独学が可能なレベルに到達することだと筆者は考えています．この『中級』では目標を，何とか韓国で日常生活ができるレベルに到達するところに置きました．これもまたどの外国語でもある程度通用する目標ではないかと筆者はひそかに考えています．

問題は中級で学ぶべき項目，特に文法項目の選定です．ドイツ語やフランス語のように大学の第二外国語として長い歴史をもつ言語に比べると，朝鮮語の学習が一般化したのはごく最近のことです．そのためもあって，朝鮮語はいわゆる「スクールグラマー」が確立しているとはいえません．特に中級以上に関しては，学ぶべき文法項目に対する見解の一致がみられないだけでなく各文法項目の意味や用法が十分に解明しつくされたともいえません．

言い訳になりますが，中級教科書を作成するむつかしさはそれらを執筆者自身が１つずつ解決していかなくてはならないところにあります．本書は文法項目の選定については本務校の学生が語学研修でお世話になっている韓国外国語大学の教科書をおおいに参考にさせていただきましたが，文法項目の内容説明に関する責任が執筆者である筆者自身にあるのはいうまでもありません．不備な点はひとえに筆者自身の研究不足に帰すものであり，さらに努力したいと思います．また本書では文法の理解に重点を置いた結果として新出単語数が多くありません．単語集などを用いて補っていただけたらと思います．筆者は今後『初級』と『中級』に合わせた単語集を編むことを考えています．

　『初級』の出版から14年がたってしまいましたが，ともあれここにようやく『中級』を出すことができ，肩の荷がおりたというのが正直なところです．本書は『初級』と同じく「日本の大学の第二外国語科目」で用いることを前提に作られており，筆者が考えるそこで考慮されるべきことがらは『初級』とまったく同じです．参考までにあげておきます．

　　□ 学習者が日本語話者であるということ．
　　□ 第二外国語科目は学習時間が限られているということ．
　　□ 大学の授業は一定の期間にわたって進められるということ．
　　□ 大学生は「大人」であるということ．

　本書は他の教科書で初級レベルの内容を学んだ方でも入っていけるように配慮したつもりですが，既習項目と未習項目の区別は，当然ながら文法も単語も『初級』を基準にしています．本書はところどころで『初級』の関連項目を参照できるようになっているので，ぜひ参考書としてでも『初級』をともに手元に置いて役立てていただければと思います．

　本書を作成する過程で特に実際に試用本を筆者とともに使用してくださった同僚の梁禮先氏からはネイティブスピーカーとして数々の貴重なご指摘をいただきました．にもかかわらず本書の内容は日本語話者が外国語として朝鮮語を学ぶ立場を優先させたものであり，すべての責任は筆者が負うものです．不備な点などのご指摘，ご批判をお待ちしています．

　本書の出版にあたっては，『初級』と同じく白水社編集部の堀田真氏から多くのアドバイスをいただきました．あわせてお礼申し上げます．また巻末のよみものの転載を快諾してくださった関係各位にも感謝いたします．

2021年10月　内山 政春

utiyama@hosei.ac.jp

本書の特徴と使い方

　本書は**日本語から朝鮮語へ置き換える力をつける**ことに最大の重点を置きました．そのことを実現するために，各課は次のような構成を採っています．

　□最初に日本語文を載せる（学習者は学習内容をざっと確認する）．
　□日本語文の番号順に学習項目を配置する（学習者は順序どおりに学ぶ）．
　□最後に朝鮮語文を載せる（学習者は読みや置き換えなどの練習をする）．

　日本語と朝鮮語の順序が，一般の外国語教科書とは逆になっているわけです．このような構成を試みた理由は次のとおりです．

　授業が始まり新しい課に入る．冒頭の外国語文を教師が読み，次に学習者にもいっせいに読ませる（いわゆるコーラスリーディング）．よくある風景だと思いますが，考えてみると，その時点で学習者が接する文には，語彙にも文法にもまだ学んでいないものが含まれているのです（新しい課ですから当然です）．しかし，わからない文を音読する，ということにどれほどの意味があるのでしょうか？

　筆者は他の市販の教科書を使っているころから，まず文法の説明と練習をして，最後に冒頭の朝鮮語文に戻って読みの練習をさせていました．「大人が限られた時間で学ぶ」ためには，それがもっとも効率のいい方法だと考えたからです．

　この方法をとれば，各課の朝鮮語文を読むときにはすでに必要なことは学び終えているので——新出単語も学習項目の練習問題に織り込んであります——リクツの上では朝鮮語文を読んで意味をとることができるはずです．いちどの練習ですべてを理解し記憶できているとは限りませんが，その場合は該当の学習項目に戻ればよいのです．

　日本語文と朝鮮語文は各課のそれぞれ1ページ目と8ページ目にありますから，あいだのページを丸めて両方を見ながら練習することもできますし，片方から片方へ置き換え練習をすることもできます．一般的には，朝鮮語→日本語の練習のあと，日本語→朝鮮語の練習をするのがよいでしょう．擬似的ではありますが，**自分の言いたいことを朝鮮語で言う訓練をすることになる**わけです．筆者は本務校でこの方法で復習をするよう学生たちに勧めています．日本語文を先に提示するこの方法は『初級』初版の出版後さいわいにもいくつかの朝鮮語教科書で採用され，筆者自身の考えが荒唐無稽ではなかったと安堵しています．

　まえがきのとおり，『初級』と『中級』はまったく同じ方針で作られているので，ここまで『初級』とほとんど同じことを書きました．以下に学習内容の概要を示しましょう．

■第1課～第6課

　『初級』で初級文法のカギだと述べた過去形の作り方，尊敬形の作り方を中心に用言の活用の復習を第1課で行ないます．いわゆる「ですます形」として「ハムニダ体」と「ヘヨ体」を学んでいることが前提になります．初級を他の教科書で学んだために「語基」の名をはじめて目にする方は，その概念を理解するのに時間をかけてください．

　各課のスキットは『初級』と同じく場面設定につながりを持たせ，なるべく記憶に残りやすいように工夫したつもりです．全体を通じて日本人女子大生が主人公となりますが，第1課から第12課までのスキットはその大学生が韓国旅行中に出会う人々との会話で構成されています．

■第7課～第12課

　第7課から第9課までで「ハンダ体」と呼ばれるパンマルとは別のタメグチを学びます．ハンダ体は日本語の「である形」に対応する書きことばに用いられ，新聞や書籍，レポートや論文など大部分の文章は基本的にハンダ体で書かれます．またハンダ体はパンマルとあわせて会話にも用いられます．

　さらにハンダ体は「～するといっています／～するそうです」のようないわゆる間接話法（引用形）の「～する」の箇所に用いる文体でもあります．間接話法は第8課から第10課にかけてと第12課で学びますが，これをマスターすると表現の幅がぐんと広がります．

■第13課～第15課

　主人公は語学研修で韓国に滞在することになります．韓国の学校での先生やクラスメートとの会話でスキットは構成されています．

　本書は『初級』と同じく，練習問題に新出単語を織り込んであるので，リクツの上では（学んだことをすべて覚えていれば）朝鮮語文を見て意味をとれるようになっています．ただし第14課以降では『中級』のしめくくりのいわば力試しとして，練習問題に厳密にいえば「未習」の単語あるいは用法をあえていくつか加えました．

■よみもの

　付録としてよみものを3つつけました．よみもの1はインタビュー記事でほぼハムニダ体が用いられ，よみもの2は書籍のまえがきでハンダ体が用いられています．よみもの3は中学校の国語の教科書からとりました．原文は英語で，それがハムニダ体の朝鮮語に訳されたものです．

いずれのよみものにも第15課までに学んでいない項目にはそのまま理解できそうな外来語を除いてすべて注をつけました．同じ注が複数のよみものにつけられていることもありますが，３つをどの順序で読んでもよいように考慮したものです．いずれも「生」の文章ですが，単語——文章のジャンルにもよりますが漢字語が多数を占めます——さえ理解できればかなりの部分が読みこなせることが実感できると思います．ぜひチャレンジしてみてください．

　本書でも『初級』と同じく作文練習を設け，本書では３課ごとにまとめて載せました．１課を終えるごとに解いてみてください．「ハムニダ体」と「ヘヨ体」を理解していることが前提ですので，「ですます」形で書かれた日本語文は「ハムニダ体」と「ヘヨ体」のどちらを用いて訳してもかまいません．日本語を朝鮮語に訳す問題はこれも『初級』と同じく音声データに模範解答が吹き込まれていますが，中級ともなれば「ハムニダ体」と「ヘヨ体」の違いを別にしても正解が複数あることは珍しくありません．模範解答はあくまでも解答の一例だと考えてください．

　このように日本語に比べると文体の数が多いことに加え，実際の場面での用法は「ていねい」な文体と「ぞんざい」な文体が日本語と朝鮮語で一対一で対応するとは限りません．そのためスキットの日本語と朝鮮語の文体が必ずしも一致していない（朝鮮語では「ていねい」な文体なのに日本語では「ぞんざい」な文体になっているなど）ことがあります．これはあまりに不自然な日本語を避けたためで，ご了承いただきたくお願い申し上げます．

　既習の関連項目を参照できるように矢印とページ番号を記したのは『初級』と同じです．▷は本書のページ番号，▶は『初級』のページ番号を示します．外国語の学習は繰り返しによって記憶を確かなものにすることが重要ですが，そのためにもぜひこの参照記号などを用いてこまめに既習項目を再確認するようにしましょう．

　本書は『初級』と同じく週２回授業があることを前提にして作られており，１課の分量は『初級』の２倍，８ページで統一してあります．『初級』に比べるとスキットも長く，また作文練習もやはり『初級』の２倍，12問ずつ設けてあります．進度は作文練習を含めて４回の授業で１課を進むぐらいが適当かと思います．事情によって適宜調節してください．

■ **新出単語の品詞分類** ■

　　[名] 名詞　　　[代] 代名詞　　　[数] 数詞　　　[連] 連体詞

　　[動] 動詞　　　[形] 形容詞　　　[存] 存在詞　　　[指] 指定詞

　　[助] 助詞　　　[副] 副詞　　　[間] 間投詞　　　[接] 接続詞

　　[頭] 接頭辞　　　[尾] 接尾辞

제 일 과

第**1**課　空港の案内所にて　―語基の復習―

西本美愛さんは韓国に旅行にやってきました．空港の案内所でホテルの予約をしてもらいます．

美　愛：少々おうかがいいたします**8**．

職　員：はい，お話しください**8**．何をお手伝いいたしましょう**57**？

美　愛：あのう**4**，私は**2**ホテルを予約してないんですが．ここで**2**
　　　　紹介してくださいますでしょうか**17**？

職　員：はい，私ども**8**がここで**2**ご予約いたします**7**．

美　愛：じゃあ**2**お願いしますね**6**．私は**2**なるべくなら**9**地下鉄の
　　　　駅から近い**5**ところ**2**がいいんですけど．ですが**2**高すぎる
　　　　ところ**2**はちょっとあれですし**4**．
　　　　　　　＊　　　＊　　　＊　　　＊

美　愛：地下鉄の路線図のようなのが**2**あれば**1**ひとつください**6**．
　　　　ひょっとして日本語**2**で書いてある**9**のもありますか**1**？

職　員：はい，あります**1**．日本人**2**観光客が多いですから**3**．観光
　　　　案内冊子もありますから**13**いっしょにさしあげますね**6**．

美　愛：ありがとうございます**2**．

職　員：それでは**2**楽しい**5**旅行になりますように**9**．

美　愛：はい，ありがとうございます**25**．

---

1 語基の復習

　朝鮮語の用言は**語幹**と語尾〔▶p.29〕からなります．語幹には３つの形があり，それぞれ
第Ⅰ語基，**第Ⅱ語基**，**第Ⅲ語基**〔▶p.106〕と呼びます．第Ⅰ語基とは**基本形**または**原形**
〔▶p.28〕の語幹です．**子音語幹用言**〔▶p.72〕では第Ⅰ語基に 으 を加えると第Ⅱ語基，
第Ⅰ語基に 아 か 어 を加えると第Ⅲ語基になります．있다《いる，ある》と받다《受け取
る》の第Ⅰ語基，第Ⅱ語基，第Ⅲ語基は 있，있으，있어 と 받，받으，받아です．

　母音語幹用言〔▶p.72〕と**リウル語幹用言**〔▶p.116〕では第Ⅰ語基と第Ⅱ語基が同じ形

- *12* -

です。마시다《飲む》と만들다《作る》の第Ⅰ語基，第Ⅱ語基，第Ⅲ語基は마시，마시，마셔と만들，만들，만들어です。ただしリウル語幹用言では語幹末の ㄹ に ㅅ，ㅂ，ㄹ（終声字のみ），ㄴ が続くと語幹末の ㄹ が消えます。〔▶p.117, p.153〕。

3つの語基のいずれを用いるかは語尾によって決まっています。ちょうど日本語の動詞が「～ない」には未然形，「～ます」には連用形を用いると決まっているのと同じことです。

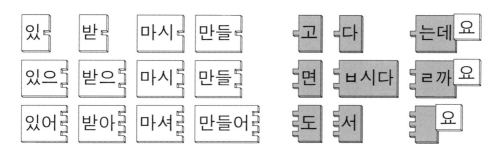

■**練習1**■ 次の用言を用いて，上のブロックを参考にして「～しますけど，～するでしょうか?，～します」にあたる形を書いてみましょう（ヘヨ体で書きましょう）。

①読む　　②聞く　　③書く　　④学ぶ　　⑤食べる
⑥行く　　⑦来る　　⑧待つ　　⑨すわる　⑩わかる

補助語幹にはⅠ－겠－，Ⅱ－시－，Ⅲ－ㅆ－があります。補助用言にも第Ⅰ語基，第Ⅱ語基，第Ⅲ語基があり，Ⅰ－겠－が－겠－，－겠으－，－겠어－，Ⅱ－시－が－시－，－시－，－셔－（－요の前では－세－も用いられます），Ⅰ－ㅆ－が－ㅆ－，－ㅆ으－，－ㅆ어－となります。後続する語尾によって第Ⅰ語基，第Ⅱ語基，第Ⅲ語基のいずれを用いるかが決まっているわけです。

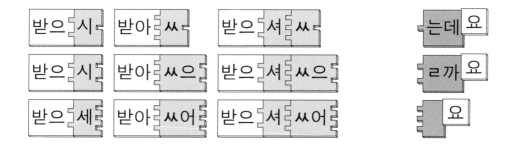

■**練習2**■ 練習1の用言を用いて，上のブロックを参考にして「～しますけど，～するでしょうか?，～します」にあたる形を，尊敬形，過去形，尊敬の過去形でそれぞれ書いてみましょう（ヘヨ体で書きましょう）。

《参考》朝鮮本国（韓国・北朝鮮）では語基という概念を用いず，있다，받다，마시다，만들다は있，받，마시，만들のみを語幹とみなし，語尾はたとえばⅡ−면には−면，−으면の２つの形が，Ⅲ−서には−아서，−어서の２つの形があると考えます．このような**「本国式文法」**と本書のような**「語基式文法」**とでは**語幹と語尾の境界が異なる**のです．

不規則用言の第Ⅲ語基にあたる形において「本国式文法」では語幹と語尾の境界を示すことができないことがありますが，これは問題にはなりません．「本国式文法」は朝鮮人（朝鮮語ネイティブスピーカーの意味で用います）向けのいわば「国文法」であって，外国人を対象にした，用言の形を組み立てる手がかりとしての「語基式文法」とは目的が異なるからです．

② 書きことばと話しことば

書きことばが縮まって話しことばになることがあります．代名詞이것，그것，저것，어느 것とそのもとになる것，そして무엇には終声字 ㅅ が省略された短縮形があり，これらにつく助詞にも短縮形があります〔▶p.136−137, p.140, p.145〕．場所をあらわす代名詞여기，거기，저기，어디に −에，−에서 がついた場合に母音에が省略されることがあります〔▶p.71, p.89, p.157〕．話しことばの短縮形をもつ接続詞もあります．

−에게に−한테 という形がある〔▶p.82〕ように，短縮形ではない別の形が話しことばに用いられることもあります．似た意味をもつ漢字語と固有語では，漢字語が格式ばった固いニュアンスを，固有語がくだけたやわらかいニュアンスを帯びることが多く，結果として漢字語より固有語の方が話しことば的になることが多いです．

㉠ 그럼	[接] では，じゃあ〔話しことば〕
㉡ 근데	[接] それで，で〔話しことば〕
㉢ 데	[名] ところ〔話しことば／書きことば〕
㉣ 일본인	[名] 日本人【日本人】〔書きことば〕

《参考》書きことば，話しことばという名称は使われ方の傾向を示すもので，文章にはかならず書きことばが，会話にはかならず話しことばが用いられるということではありません．抽象的な意味での「ところ」には데が書きことばでも用いられるというような例もあります．

■練習3■　次の文を読み，日本語に訳してみましょう．　

①**저한텐 이게** 제일 맛있었어요.　②**그럼 이걸 여기** 놓고 가도 되죠?

③**근데** 버스 타는 **데가** 어디예요?　④**일본인**이라고 하는 **데**에 문제가 있습니까?

3 接続形「〜するから」

理由をあらわす接続形語尾にはⅢ−서〔▶p.131〕のほかⅡ−니까という形があります. Ⅱ−니까はその後ろに話し手自身の「主張」が含まれ, Ⅱ−니까がその「主張」の根拠を示します. Ⅱ−니까は話し手の主観的な理由をあらわすといえます. そのため勧誘形, 命令形, 意思をあらわす形など後ろに話し手の「主張」が続く場合はⅡ−니까を用います. 一方Ⅲ−서はその前後が自然な流れによってつながる感じがするので, 話し手の意思を伴わない「状況」を客観的に描写するのに用いられることが多いです.

なおⅡ−니까はⅢ−서と異なり過去語幹と組み合わせることが可能で, 終止形として文末に用いることもできます. なお「ですます形」では−요〔▶p.123−124〕を加えます.

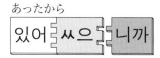

■練習4■　次の文を読み, 日本語に訳してみましょう.

① 이건 **비싸니까** 싼 것을 삽시다.　② 여긴 관광객이 **많으니까** 값이 좀 비싸요.

③ 화요일에는 만날 시간이 **없으니까** 수요일에 오세요.

④ 불고기는 먹고 싶지 않아요. 어제도 **먹었으니까요.**

카	싸다	[形] 安い
카	비싸다	[形] 高い
키	관광객	[名] 観光客【観光客】

4 こそあどことばの用法

実際に遠くに見えるのではなく話し手と聞き手が互いに了解している, 「例の」という意味での「あの, あれ, あそこ, ああだ」などは, 朝鮮語では그, 그것, 거기, 그렇다などを用います〔▶p.45〕. また間投詞としての「あの」には저のほか저기も用いられます.

■練習5■　次の文を読み, 日本語に訳してみましょう.

① **저기…,** 전 지금 시간이 없는데요.　② **그** 사람 어때? ─ 누구? 아, **그** 사람!

③ 내가 **그걸** 혼자 하는 건 좀 **그렇네.**　④ 우리가 점심에 먹은 **그거** 뭐라고 해요?

5 ピウプ不規則用言

　第Ⅰ語基の最後の文字の終声が ㅂ である用言の一部は，第Ⅱ語基で ㅂ が消えて母音字 우 がつきます．第Ⅲ語基では ㅂ が消えて母音字 워 がつきます．このようなタイプの用言を子音字 ㅂ の名称ピウプをとって**ピウプ不規則用言**〔▶p.146〕といいます．

ㅋ	돕다	［動］手伝う，助ける［ㅂ不規則］
ㅌ	가깝다	［形］近い［ㅂ不規則］
ㅌ	고맙다	［形］ありがたい［ㅂ不規則］
ㅍ	즐겁다	［形］楽しい［ㅂ不規則］

　　《**参考**》ほんとうは ㅂ は消えるのではなく弱まって，具体的には両唇が閉じなくなって *w* になるのです．第Ⅱ語基は *w*＋으，第Ⅲ語基は *w*＋어 なのですが，ハングルでは終声字に *w* を書くことができないために，*w*＋으 を 우，*w*＋어 を 워 と書くわけです．
　　第Ⅰ語基が1文字で母音字が ㅗ である用言に限り第Ⅲ語基は 워 ではなく 와 で終わります．

■**練習6**■　次の文を読み，日本語に訳してみましょう．

①괜찮으시면 좀 **도와 주시겠어요?**　②학교는 우리 집에서 **가까운** 곳에 있어요.
③그렇게 말해 줘서 너무 **고마워요.**　④친구와 같이 **즐거운** 시간을 보냈습니다.

6「くださる」と「さしあげる」

　日本語では「その人に本をあげる」とはいいますが「私に本をあげる」とはいわず，「くれる」を用います．一方朝鮮語では「あげる」と「くれる」は区別せず両者を 주다 であらわします（英語でも両者に *give* を用います）．両者は第三者からみれば同じ動作で，ものの移動の方向が異なるだけなのです．
　ただし「くれる」の尊敬形「くださる」を 주시다 を用いてあらわす一方，「あげる」のいわゆる謙譲形「さしあげる」には 드리다 という別の用言を用います．

ㅈ	드리다	［動］さしあげる

　　《**参考**》「その人に本を**あげる**」は 그 사람에게 책을 주다，「私に本を**くれる**」は 저에게

책을 주다ですが, 「本を**さしあげる**」は 책을 드리다, 「本を**くださる**」は 책을 주시다です. 謙譲形は**自分の動作**, Ⅱ−시−を含む尊敬形は**自分以外の動作**に用いる形なのです.

■**練習7**■　次の文を読み, 日本語に訳してみましょう.

①이것은 선생님이 **주신** 책입니다.　　②선물을 **드리고 싶은데** 무엇이 좋을까요?

③혹시 관광 안내 책자 같은 것이 있으면 하나 **주시겠습니까**? —네, **드리겠습니다.**

④그럼 노선도도 같이 **드릴까요**? —네, **주세요.** 고맙습니다!

ㅈ	혹시	[副] もし, もしかして【或是】
ㅊ	관광	[名] 観光【観光】
ㅋ	안내	[名] 案内【案内】
ㅌ	책자	[名] 冊子【冊子】
ㅍ	노선도	[名] 路線図【路線図】

❼ 「〜してくださる」と「〜してさしあげる」

「〜してくれる」はⅢ−∅ 주다であらわしますが, 주다には「あげる」の意味もあるので, Ⅲ−∅ 주다は「〜してあげる」の意味で用いることができます〔▶p.157〕.

ただし「〜てくださる」はⅢ−∅ 주시다であらわし, 「〜してさしあげる」はⅢ−∅ 드리다であらわします. Ⅲ−∅ 드리다は「〜いたす」という日本語によく対応します.

手伝ってくださる

手伝ってさしあげる

■**練習8**■　次の文を読み, 日本語に訳してみましょう.

①제가 **안내해 드릴까요?**　　②그 사람 저한테도 **소개해 주세요.**

③지금 **예약해 주실 수 있습니까?** —네, 괜찮습니다. 지금 **예약해 드리겠습니다.**

ㅎ	소개	[名] 紹介【紹介】
ㅌ	예약	[名] 予約【予約】

8 よく用いられる謙譲形

　一人称複数の代名詞 우리 には謙譲形 저희 があります. 말씀 は 말 の謙譲形としても尊敬形としても用いられます. つまり話者, 話者以外の両者の「ことば」を指すのに用いることができます.

　また用言の謙譲形には「会う」に対する「お目にかかる」, 「尋ねる」に対する「うかがう」などがあります. 活用が特殊ですので気をつけてください. 「名詞＋하다」からなる動詞の一部は, 하다 を 드리다 に取り替えることで謙譲形になります.

《参考》여쭙다, 뵙다 は第Ⅱ語基で ㅂ が消えます（第Ⅱ語基とは第Ⅰ語基に手を加えて母音で終わるようにしたものです〔▶p.105, p.149〕）. 本来のピウプ不規則用言〔▶p.146, ▷p.16〕とは異なり, **ㅂ が消えるだけ**の特殊な活用

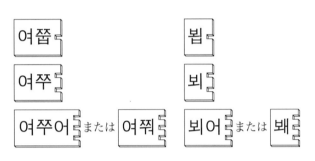

です. 第Ⅲ語基は第Ⅱ語基に 어 を加えます. 뵙다 の第Ⅲ語基に 뵈어, 봬 の2つがあるのは 되다 の第Ⅲ語基に 되어, 돼 の2つがある〔▶p.128〕のと同じです.

ㅏ	저희 /저이/	[代] 私ども
ㅑ	말씀	[名] お話, おことば
ㅓ	여쭙다	[動] うかがう ［特殊ㅂ不規則］
ㅕ	뵙다	[動] お目にかかる ［特殊ㅂ不規則］

■練習9■　次の文を読み, 日本語に訳してみましょう.

①**저희**가 **말씀** 좀 **여쭤 봐도** 될까요?　②처음 **뵙겠습니다.** 잘 **부탁드립니다.**
③늦었지만 **인사드리겠습니다.**　④이렇게 도와 주셔서 정말 **감사드립니다.**
⑤안녕하십니까? 도서관에서 안내 **말씀** 드립니다.
⑥드릴 **말씀**이 있는데요. —네? 하실 **말씀**이 있으세요? **말씀하세요.**

　《参考》감사하다 は「ありがたい」という意味では形容詞ですが, 「感謝する」という意味で動詞としても扱われます. 動詞として用いられた場合に 하다 を 드리다 に取り替えることができます.

9 「なる」の用法・その1

되다《なる，できる》は助詞 −로/−으로《〜で》とあわせて「〜でできる」などの意味
でも用います．また「なる」から副詞「なるべく」が作られるのは日本語と同じです．

㉘ 되도록　　　　　　　　　　[副] なるべく，できれば

■**練習10**■ 次の文を読み，日本語に訳してみましょう.

①오늘도 좋은 하루 **되십시오**.　　　②책자는 **되도록**이면 영어**로 된** 게 좋아요.

《**参考**》「〜になる」の −가/−이《〜に》は決まった表現で省略されることがあります.

미　에 : 말씀 좀 여쭙겠습니다.

직　원 : 네, 말씀하세요. 무엇을 도와 드릴까요?

미　에 : 저기, 저는 호텔 예약을 안 했는데요. 여기서 소개
　　　　해 주실 수 있을까요?

직　원 : 네, 저희가 여기에서 예약해 드리겠습니다.

미　에 : 그럼 부탁드릴게요. 전 되도록이면 지하철 역에서
　　　　가까운 곳이 좋은데요. 근데 너무 비싼 데는 좀 그
　　　　렇고요.

　　　　　　　　　　*　　*　　*　　*

미　에 : 지하철 노선도 같은 게 있으면 하나 주세요. 혹시
　　　　일본말로 된 것도 있어요?

직　원 : 네, 있습니다. 일본인 관광객이 많으니까요. 관광
　　　　안내 책자도 있으니까 같이 드릴게요.

미　에 : 감사합니다.

직　원 : 그러면 즐거운 여행 되세요.

미　에 : 네, 고맙습니다.

第2課　ホテルのチェックイン　―「～している」の２つの形―

美愛さんは予約したホテルに着き，フロントでチェックインをします．

> スタッフ：こんにちは．予約をなさった方でいらっしゃいますか？
>
> 美　　愛：はい，空港の案内所で予約しておいたのですが．私の名前は西本美愛といいます．
>
> スタッフ：少々お待ちください…．はい，西本美愛さま，予約が<u>でき</u><u>ています</u>**❶❽**．
>
> 美　　愛：あのう…．私が予約するとき<u>確認しなかったんですけど</u>**❸**，部屋は禁煙室<u>に</u>**❼**してくださいましたか？
>
> スタッフ：<u>ご心配なく</u>**❷**，お客さま．私どものホテルは全客室が禁煙です．<u>ここに</u>**❹**お名前と連絡先をお書きください．
>
> 美　　愛：連絡先ですか？日本の住所<u>でなくて</u>**❷**韓国の住所ですか？
>
> スタッフ：携帯電話の番号だけ<u>お書きになればけっこうです</u>**❽**．
>
> 　　　　　　　＊　　　＊　　　＊　　　＊
>
> スタッフ：<u>けっこうです</u>**❽**．部屋は３階303**❻**号室に<u>なります</u>**❽**．こちらへ<u>おいでください</u>**❺**．私が荷物を少々お持ちしましょうか？
>
> 美　　愛：いいえ，<u>けっこうです</u>**❽**．私が持てますけど．
>
> スタッフ：かまいませんよ．さあ，私に<u>ください</u>**❺**．

---

❶ 動作終了後の「～している」

　日本語の「～している」の意味は２つに大きく分けられます．１つは動作が開始から終了までのある段階にある（「部屋で遊んでいる，テレビを見ている」）という意味，もう１つは動作が終わった状態が続いている（「椅子にすわっている，お金が落ちている」）という意味です．朝鮮語のⅠ-고 있다は基本的には前者の意味に用い〔▶p.83〕，後者の意味をあらわすのにはⅢ-Ø 있다という形を用います．**この形が用いられるのは一部の自動詞のみで，位置や状態など何らかの「変化」をあらわす動詞である場合が多いです．**他動詞には

原則として用いられません．尊敬形にはⅢ−∅ 계시다 という形を用います〔▶p.119〕．

来ている（来る途中）

오-고 | 있-다

来ている（来たあと）

와 | 있-다

《参考》「〜している」が2つのうちどちらの意味になるかは，過去形と比較することで判別できることが多いです．「椅子にすわっている」は「椅子にすわった」ことによって生ずる状態です．一方「部屋で遊んでいる」は「部屋で遊んだ」結果ではないので「遊ぶ」という動作が進行中であることがわかります．なお 살다 は「住む，暮らす」ではⅠ−고 있다，「生きる」ではⅢ−∅ 있다 を用います（朝鮮語では「生きた」結果「生きている」と考えます）．

■練習1■ 次の文を読み，日本語に訳してみましょう．

① 우리 집에 지금 손님이 **와 있어요**.　② 버스가 지금 이쪽으로 **오고 있습니다**.
③ 객실 확인이 **되어 있습니까**?　④ 잠시만 그쪽 의자에 **앉아 계시겠어요**?
⑤ 택시는 역 앞에도 많이 **서 있어요**.　⑥ 저쪽에 **서 있는** 사람한테 물어 볼까요?
⑦ 동생은 부모님과 같이 **살고 있어요**.　⑧ **살아 있는** 한국어를 배우고 싶습니다.

㉮ 이쪽	[代] こちら
㉯ 그쪽	[代] そちら
㉰ 저쪽	[代] あちら
㉱ 어느 쪽	[代] どちら
㉲ 손님	[名] お客さん
㉳ 객실	[名] 客室【客室】
㉴ 확인	[名] 確認【確認】
㉵ 잠시	[副] しばらく【暫時】
㉶ 서다	[動] 立つ，止まる

《参考》서다《立つ》は第Ⅰ語基が陰母音〔▶p.44〕なので第Ⅲ語基には母音字 어 を加えますが，同じ母音字 어 がダブる（가다《行く》の第Ⅲ語基が 가 なのと同じ）ので，結局は第Ⅰ語基から第Ⅲ語基まですべて同じ形となります〔▶p.91〕．

❷ 禁止形 （勧誘と命令の否定形）

勧誘形Ⅱ－ㅂ시다，命令形Ⅱ－ㅂ시오の否定形には短い否定形안 も長い否定形Ⅰ－지 않다も用いず，Ⅰ－지 말다という形を用います．これを**禁止形**と呼んでおきます．말다は リウル語幹用言なので，Ⅱ－ㅂ시다，Ⅱ－시－の前でリウルが消えます〔▶p.117〕．

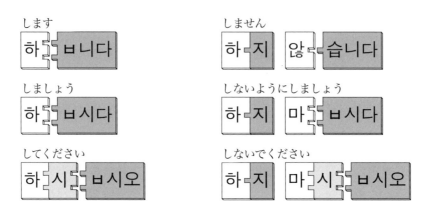

■**練習2**■ 次の文を読み，日本語に訳してみましょう.

① 다음부터는 **늦지 마십시오.**   ② 가방을 여기에 **놓지 마십시오.**
③ 비가 오니까 오늘은 **나가지 맙시다.**   ④ 수업 시간에 핸드폰을 **보지 마십시오.**
⑤ 그런 얘기는 **하지 말아야 합니다.**   ⑥ 그쪽으로 **가지 말고** 이쪽으로 오세요.

パンマルではⅠ－지 마が勧誘，命令の否定形に用いられます．ヘヨ体ではこれに－요を 加えたⅠ－지 마요が勧誘の否定形に用いられ，命令の否定形にはⅡ－시－を挟んだⅠ－지 마세요が用いられます〔▶p.139〕．

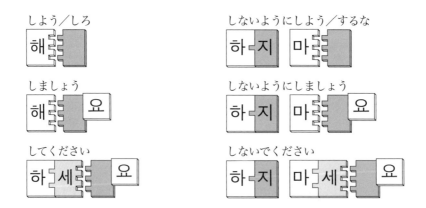

■**練習3**■ 練習2の①～④をヘヨ体，さらに対応するパンマルにも替えてみましょう.

《参考》말다の第Ⅲ語基には말아という規則的な形のほか，文末でパンマルとへヨ体にのみ用いられる마という特別な形があるわけです．パンマルとへヨ体には말아を用いたⅠ-지 말아，Ⅰ-지 말아요という規則的な形もあります．

「名詞＋하다」からなる動詞の場合，Ⅰ-지を省略して名詞のあとに直接말다を続けることが可能です．また말다にⅠ-고を組み合わせた말고を名詞のあとに続けて「～ではなく」をあらわす用法があります．この用法では勧誘文，命令文である必要はありません．

■**練習4**■　次の文を読み，日本語に訳してみましょう．

①3층 방은 금연실입니까? ―걱정 **마세요**. 저희는 모든 객실이 금연입니다.
②우리 교실은 여기 **말고** 저기예요.　③그 사람 **말고** 누가 할 수 있어요?

ㅁ	층	[名]〜階【層】〔漢数字と用いる〕
ㅂ	금연	[名] 禁煙【禁煙】
ㅅ	금연실	[名] 禁煙室【禁煙室】
ㅈ	모든	[連] すべての

❸ 長い不可能形

否定形に長い否定形と短い否定形がある〔▶p.109〕ように，不可能形にも用言の前に用いる못のほかにⅠ-지 못하다という形があります．前者を**短い不可能形**，後者を**長い不可能形**と呼ぶことにします．前者が話しことば的，後者が書きことば的です．

《参考》Ⅰ-지 않다，Ⅰ-지 못하다のⅠ-지は「～すること」をあらわす特殊な体言形です．Ⅰ-지 못하다は「～すること」のあとに하다の短い否定形を続けたもので，「～することできない」を意味するわけです（この場合못と하다はつけて書きます）．ちなみにⅠ-지 않다の않다は안 하다の하の母音が消えて안ㅎ다となり，縮まったものです．

■**練習5**■　次の文を読み，日本語に訳してみましょう．また短い不可能形に替えてみましょう．

①저는 술을 거의 **마시지 못합니다**.　②그 리포트는 아직 **내지 못했습니다**.
③매운 음식을 **먹지 못하는** 한국 사람도 있어요.

4 他動詞と用いられる助詞「～に」

「～に」にあたる助詞－에を他動詞と組み合わせて用いる場合，－에 のかわりに－에다あるいは－에다가 という形を用いることができます（－에を用いてもかまいません）．ただしこれらの形は－에게（話しことばでは－한테）のかわりに用いることはできません．

《**参考**》ここでいう他動詞とは「～に送る，～に書く」の「送る，書く」などで，「～を～に」のように「～に」と「～を」の両者が含まれる文型でこれらの形が用いられるわけです.
－에서や－에 が代名詞のあとで에が省略される（여기에서, 여기에が여기서, 여기となる）ことがある〔▶p.71, p.89, p.157〕のと同じく，－에다あるいは－에다가も代名詞のあとで－다あるいは－다가になる（여기에다, 여기에다가が여기다, 여기다가となる）ことがあります.

■**練習6**■　次の文を読み，日本語に訳してみましょう.

①공항 안내소**에다** 물어 봤어요.　　②모든 건물을 회사**에다** 팔았습니다.

③먼저 짐을 저기**다** 놓고 오세요.　　④빨리 집**에다** 연락해 놓는 게 좋아요.

⑤편지를 어디**다가** 보내면 될까요? ―이 주소**에다가** 보내 주세요.

타	공항	[名] 空港【空港】
파	안내소	[名] 案内所【案内所】
탸	짐	[名] 荷物
챠	주소	[名] 住所【住所】

5 勧誘，命令をあらわすていねいな形

すでに学んだⅡ－ㅂ시다〔▶p.133〕やⅡ－ㅂ시오〔▶p.114〕はハムニダ体ではありますが，ストレートに勧誘，命令をあらわすので目上に対しては使いにくい形です.

Ⅰ－지요〔▶p.132〕には遠回しに勧誘，命令をする用法があり，これを尊敬形で用いて「～なさったらいかがですか?」「どうぞ～なさってください」のように聞き手の自主的な動作であるかのようにみせることで，よりていねいな勧誘，命令の意味をもたせることができます.

Ⅱ－시－を挟まずに，あるいはパンマルとして－요をつけずに用いることも可能です.

《参考》 Ⅲ-Ø 주다를 用いたⅢ-Ø 주십시오, Ⅲ-Ø 주세요は「依頼」なので命令形を直接用いるよりはていねいですが〔▶p.157〕，これよりも I -죠の尊敬形である II -시죠の方がさらにていねいです. Ⅲ-Ø 주시면 안 될까요?《～してくださったらいけないでしょうか?》のような遠回しな言い方〔▶p.161〕もていねいな「依頼」として通用します.

■**練習7**■ 次の文を読み，日本語に訳してみましょう.

①시간이 있으시면 같이 **가시죠**. 　②한 분이세요? 이쪽으로 **앉으시죠**.
③나 기다리지 말고 먼저 **먹지**. 　④여섯 시 됐어요. 우리 저녁 먹으러 **나가죠**.
⑤연락처는 주소하고 전화번호만 **적어 놓으시죠**.

ㅋ	연락처 /열락처/	[名] 連絡先【連絡処】
ㅌ	번호	[名] 番号【番号】
ㅍ	적다	[動] 書く，記す

《参考》 적다は「記録する」こと，쓰다は「表現する」ことに注目した言い方です. そのため적다は「メモを書く」などに用いられ，「手紙を書く」などには쓰다が用いられます.

⑥ 漢数字の粒読み

たとえば「102」は日本語で「ひゃくに」とも「いちまるに／いちぜろに／いちれいに」とも読みますが，朝鮮語にも両者の読み方があります. 後者を粒読みといい，通常は単位をともなわないケタ数の大きい数字に用います. 数字そのものを正確に伝える目的であえて粒読みを用いることもあります.

| ㅎ | 공 | [数] ゼロ【空】 〔粒読みに用いる〕 |

■**練習8**■ 次の数字をそれぞれ位取り式の読み方と粒読みとで読んでみましょう.

①101　　　②228　　　③416　　　④5670　　　⑤9263

《参考》粒読みでは육《六》は2文字目以降で륙と認識されます〔▶p.99〕. その場合，母音字とㄹの後ろでは/륙/，それ以外では/늌/と発音されます. ただしケタ数が多く複数に（たとえば2564を25と64に）分けて読む場合，後半の先頭は「1字目」として扱われるようです. 2564는이오육사，2546은이오사륙となるわけです.

▶7 選択をあらわす助詞「〜に」

　「紅茶にする」などのように複数のものの中からあるものを選び取ることをあらわす「〜に」を朝鮮語では −로/−으로 を用いてあらわします．多くの場合 하다《する》と組み合わせます．

　　《参考》続く動詞によっては「〜を」と訳すのが適当なこともあります．その場合 −를/−을 を用いることもできますが，−로/−으로 を用いることで複数の選択肢から「選ぶ」ニュアンスが強まります．この −로/−으로 は「鉛筆で書く」などの「〜で」〔▶p.110〕，「学校へ行く」などの「〜へ」〔▶p.162〕に用いる −로/−으로 と同じ形ですので，終声字のない名詞とリウルで終わる名詞には −로 を用い，リウル以外の子音字で終わる名詞には −으로 を用いるという使い分けももちろん同じです．
　　なお 무엇《何》，이것《これ》などの短縮形 무어，이거 などに −로 が続くと 무어로，이거로 ではなく 무얼로，이걸로 などとなります．これは −로/−으로 の用法を問わず共通に起こる現象です．

■練習9■　次の文を読み，日本語に訳してみましょう．
　①저도 물냉면**으로** 하겠습니다．　　　②**뭘로** 드릴까요? ― 커피**로** 주세요．
　③방을 금연실**로** 해 주시겠어요? ― 네, 그럼 304호실**로** 해 드리겠습니다．

▭ 호실　　　　　　　　　　　[名] 〜号室【号室】〔漢数字と用いる〕

▶8 「なる」の用法・その2

　되다《なる，できる》は Ⅱ−면，Ⅲ−도 と組み合わせた表現では「よい」の意味で用いられます〔▶p.112–114〕が，ある行なわれたことがらに対して「それでよい，それでけっこうだ」と答える場合，「満足すべき状態になった」と考えて過去形を用います．また日本語と同じく「けっこう」だと断る場合にも用いられます．
　また 되다 は「おのずとそうなる」という意味をもつ自動詞であることから，目的語をともなった 하다《する》と対になり，受身「される」の意味をあらわすことがあります．たとえば 예약을 하다《予約をする》に対する 예약이 되다 は「予約ができる」と「予約がなされる」の両方の意味をもちます．
　なお日本語では「〜です」を遠回しに「〜になります」と言うことがありますが，朝鮮語にも同じ用法があります．ただし朝鮮語では通常 Ⅰ−겠− を挟んで用います．

■練習10■ 次の文を読み，日本語に訳してみましょう．

①전화번호만 적었는데 괜찮아요? ―네, **됐습니다**.

②저는 오늘은 가고 싶지 않은데요. ―그래? 그럼 **됐어**. 나 혼자 갈게.

③여기서도 호텔 예약이 **됩니까**? ―여기서는 **안 돼요**. 저쪽 안내소로 가세요.

④이거 얼마예요? ―6만 원이 **되겠습니다**.

《参考》하다《する》は日本語「する」や英語 *do*《する》と同じくいわゆる代動詞としての働きをもちますが，되다《なる，できる》も하다の受身として代動詞「される」の働きをすることがあります．前課で学んだ「～でできる」という用法〔▷p.19〕が文脈上「作られた，書かれた」などの意味になりうるのはそのためです．

직　원 : 안녕하십니까? 예약을 하신 분이십니까?

미　에 : 네, 공항 안내소에서 예약해 놓았는데요, 제 이름은 니시모토 미에라고 합니다.

직　원 : 잠시만요.... 네, 니시모토 미에 손님, 예약이 돼 있습니다.

미　에 : 저기..., 제가 예약할 때 확인하지 못했는데요, 방은 금연실로 해 주셨어요?

직　원 : 걱정 마세요, 손님. 저희 호텔은 모든 객실이 금연입니다. 여기다가 성함과 연락처를 적어 주십시오.

미　에 : 연락처요? 일본 주소 말고 한국 주소요?

직　원 : 핸드폰 번호만 적어 주시면 됩니다.

　　　　　　＊　　　＊　　　＊　　　＊

직　원 : 됐습니다. 방은 3층 303호실이 되겠습니다. 이쪽으로 오시죠. 제가 짐 좀 들어 드릴까요?

미　에 : 아니요, 됐어요. 제가 들 수 있는데요.

직　원 : 괜찮아요. 자, 저한테 주시죠.

第**3**課　ホテルの客室にて　―方向をあらわす動詞―

美愛さんは部屋の冷房のつけ方がわからず，フロントに電話をします．

美　　愛：もしもし．303号室ですけど．

スタッフ：はい，お話しください．

美　　愛：部屋が少し暑くて冷房をつけたいんですけど，どうやってつけるのか**❶**わからなくて，それで少々お尋ねするんです**❷**．

スタッフ：さてと，どうやってご説明するべきか**❶**…．はい，では私がそちらに上がっていくように**❸❻**いたします．お手伝いいたしますから**❼**少々お待ちください．

　　　　　　　　＊　　　＊　　　＊　　　＊

スタッフ：ここをこうやって押していただければよろしいです．

美　　愛：ああ，そうなんですね**❺**．ありがとうございます．

スタッフ：ほかに気になることはおありでないですか**❶❹**？

美　　愛：あのう…，冷蔵庫に入っている水はサービスでいただけるんですか**❷**？

スタッフ：はい，ミネラルウオーターは無料で**❽**提供いたしております．お手伝いすることがあればまた連絡してください．

美　　愛：はい，ありがとうございます．

---

❶ 文中の疑問形「〜する(の)か，〜(の)か」

　「なにをする(の)かわからない」の「する(の)か」のように，文中で疑問形として用いる「〜する(の)か」を I −는지 であらわします．過去形にする場合 III −ㅆ− を挟みます．

食べる(の)か

食べた(の)か

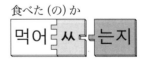

■**練習1**■　次の文を読み，日本語に訳してみましょう．

①한글로 어떻게 **쓰는지** 아세요?　②밥이 왜 이렇게 **맛있는지** 모르겠어요.

③누가 그걸 **얘기했는지** 알고 싶어요.　④이런 걸 **여쭤 봐도 되는지** 모르겠는데요.

　Ⅰ－는지 は動詞と存在詞に用いる形です．形容詞と指定詞にはⅡ－ㄴ지 を用います．ただしⅢ－ㅆ－，Ⅰ－겠－ を挟む場合は品詞に関係なくすべての用言でⅠ－는지を用います．

■**練習2**■　次の文を読み，日本語に訳してみましょう．

①이 값이 **싼지 비싼지** 잘 모르겠어요.　②그 사람이 어떤 사람**인지** 생각해 보세요.

③맛이 **어떤지** 내가 먼저 먹어 볼게요.　④그게 언제 일**이었는지** 저는 잘 모릅니다.

　《**参考**》Ⅰ－는지 とⅡ－ㄴ지 の使い分けは，Ⅰ－는데 とⅡ－ㄴ데 のそれ〔▶p.154–155〕と同じです．指定詞－이다はⅢ－ㅆ－，Ⅰ－겠－ を挟まない場合Ⅱ－ㄴ지を用いるわけですが，指定詞にⅡ－ㄴ지を用いた 누구인지 《誰なのか》などの形が，話しことばで連音しない場合語幹が省略された 누군지 などの形で用いられることが多いです．これもⅡ－ㄴ데 の場合と同じです〔▶p.155〕．

　「～する(の)か，～(の)か」をあらわす形にはⅡ－ㄹ지 という形もあります（連体形にⅠ－는，Ⅱ－ㄴ，Ⅱ－ㄹ の3つがあるのと似ています）．Ⅰ－는지，Ⅱ－ㄴ지が「すでにそうなっている」できごとをあらわすのに対して，Ⅱ－ㄹ지はⅡ－ㄹ と同じく「今後起きるであろう」できごとをあらわすので，判断に迷っているようなニュアンスを持ちます．

　Ⅰ－는지，Ⅱ－ㄴ지，Ⅱ－ㄹ지 は終止形としても用いますが，このままではパンマルなので，「ですます形」では－요 を加えます．遠慮がちに尋ねる感じがするので（そのためパンマルはひとりごとにも用いられます），通常の疑問形よりもていねいに聞こえます．

　《**参考**》Ⅱ－ㄹ지 はⅡ－ㄹ게 と同じく語源的にⅡ－ㄹ と関連するため ㄹ に続く 지 は濃音で発音されます〔▶p.153, p.160〕．

　なおⅠ－지요 が縮まってⅠ－죠 になることが多い〔▶p.132〕のに対して，Ⅰ－는지，Ⅱ－ㄴ지，Ⅱ－ㄹ지 に－요 を加えたⅠ－는지요，Ⅱ－ㄴ지요，Ⅱ－ㄹ지요 は縮めずに表記するのが原則です（ただし発音するときは縮めてもかまいません）．

■**練習3**■　次の文を読み，日本語に訳してみましょう．

①어떻게 **해야 될지** 저도 모르겠어요.　②아르바이트는 어떤 일을 하면 **좋을지**?

③어느 나라 음악을 **좋아하시는지요**?　④택시를 어디서 어떻게 **잡아야 될지요**?

❷ 強調の表現「〜のだ」

「〜する」に対して「〜するのだ」にあたる一種の強調表現があります。日本語と同じく Ⅰ－는《〜する〜》，것《の》，－이다《だ》を合わせて Ⅰ－는 것이다であらわします。

平叙形はハムニダ体 Ⅰ－는 것입니다，ヘヨ体 Ⅰ－는 것이에요，パンマル Ⅰ－는 것이야 となりますが，多くの場合 것には短縮形 거が用いられ〔▶p.145〕，さらに －이다の 이 も省略され〔▶p.144, p.146〕，Ⅰ－는 겁니다，Ⅰ－는 거예요，Ⅰ－는 거야などのように になります。

動詞の過去形，形容詞，指定詞のように連体形に Ⅱ－ㄴ を用いる場合，「〜のだ」は Ⅱ－ㄴ 것이다となり，Ⅱ－ㄴ 겁니다，Ⅱ－ㄴ 거예요，Ⅱ－ㄴ 거야などが用いられます。

■**練習4**■　次の文を読み，日本語に訳してみましょう。
　①가방에 무엇이 **들어 있는 겁니까?**　②그래서 제가 이렇게 **말씀드린 겁니다.**
　③시험 문제가 너무 **어려운 거야.**　④객실에 에어컨도 냉장고도 **없는 거예요.**

㋐ 들다	[動] 入る
㋑ 에어컨	[名] クーラー，冷房
㋒ 냉장고	[名] 冷蔵庫【冷蔵庫】

❸ 接続形「〜するように」

「早く行くようにします」の「行くように」のように，文中で「〜するように」をあらわすのが Ⅰ－도록です。動作の目標や到達点を指し示す形だといえるでしょう。文脈によっては「〜するぐらい，〜するほど，〜するまで」などに対応することもあります。

　　《参考》되도록《なるべく》〔▷p.19〕は 되다に Ⅰ－도록 がついたものです。

■**練習5**■　次の文を読み，日本語に訳してみましょう。
　①언제 잤는지 **모르도록** 잘 잤어요.　②다음부터는 **늦지 않도록** 해야 합니다.
　③배가 **부르도록** 많이 먹었습니다.　④저도 "좋아요"를 **누르도록** 하겠습니다.

㋓ 누르다	[動] 押す［르不規則］

❹ 存在詞と語尾の組み合わせ

　朝鮮語の用言には動詞と形容詞のほか，存在詞 있다，없다，계시다などと指定詞 −이다，아니다があること，動詞と形容詞では語尾が異なることがあるのはすでに学んでいるとおりです．指定詞は形容詞とつく語尾が同じですが，存在詞の場合はやや複雑です．

　Ａ 連体形は動詞と同じくⅠ−는を用いた 있는，없는ですが，尊敬形 있으시다，없으시다ではⅡ−ㄴを用いて 있으신，없으신とします．계시다もやはりⅡ−ㄴを用いて 계신としますが，Ⅰ−는を用いた 계시는という形もなくはありません．

　Ｂ 接続形もⅠ−는데，Ⅰ−는지を用いますが，やはり尊敬形ではⅡ−ㄴ데，Ⅱ−ㄴ지を用います．계시다も基本的にはⅡ−ㄴ데，Ⅱ−ㄴ지を用いますが，Ⅰ−는데，Ⅰ−는지を用いることも少なくありません．

■練習６■　次の文を読み，日本語に訳してみましょう．　

①돈이 **있으신** 분은 많이 내 주세요.　②앞에 **서 계신** 분이 우리 선생님이세요.

③또 다른 질문이 **없으신지요?**　④아버지는 지금 외국에 **나가 계신데요.**

　《**参考**》Ⅲ−ㅆ−〔▶p.119〕とⅢ−∅ 계시다〔▷p.20−21〕も語尾の組み合わせ方は 계시다と同じです．

　ちなみに補助語幹Ⅲ−ㅆ−，Ⅰ−겠−は語源が 있다《ある，いる》にさかのぼります．形容詞や指定詞，たとえば 좋다《良い》がⅡ−ㄴ데，Ⅱ−ㄴ지がついて 좋은데，좋은지となるのに過去形で 좋았는데，좋았는지となるのは，補助語幹が挟まることで語尾との組み合わせが 있다と同じパターンになるからです．ただし，連体形の場合はまた別の原理がはたらきます．

5 感嘆をあらわすもう１つの形

　感嘆の表現としてⅠ-네요（パンマルはⅠ-네）という形がありますが，これは「発見，驚き」を反射的にあらわす形です〔▶p.126〕．一方これとは別にⅠ-군요という形があり，これは気づいたことに「なるほど」と納得して詠嘆するようなニュアンスがあります．

　補助語幹Ⅲ-ㅆ-，Ⅰ-겠-を挟まない場合，動詞でのみⅠ-군요ではなくⅠ-는군요という形を用います．なおパンマルは，規則的なⅠ-군，Ⅰ-는군という形よりも，後ろに母音/ㅏ/を加えて発音どおり表記したⅠ-구나，Ⅰ-는구나が多く用いられます．

　《参考》있다《ある，いる》は있군요，있었군요，있겠군요のようにすべてⅠ-군요が用いられるが，먹다《食べる》は補助語幹Ⅲ-ㅆ-，Ⅰ-겠-が挟まらない場合먹는군요のようにⅠ-는군요を用い，挟まる場合먹었군요，먹겠군요のようにⅠ-군요を用いるということです．つまりⅡ-ㄴ데，Ⅱ-ㄴ지などの場合と同じく，補助語幹が挟まることで語尾との組み合わせが있다と同じパターンになるのです．

　계시다《いらっしゃる》は계시군요と並んで계시는군요も多く用いられ，Ⅰ-고 있다，Ⅲ-고 계시다とⅢ-Ø 있다，Ⅲ-Ø 계시다は있다，계시다と同じパターンになります．

■練習7■　次の文を読み，日本語に訳してみましょう．

① 역시 일요일은 사람이 **많군요**.　　② 그래서 한국 영화를 **좋아하는군요**.
③ 큰일 **났구나**. 어떻게 하면 돼?　　④ 음식 값이 정말 많이 **올랐구나**.
⑤ 오랜만에 눈이 많이 **내렸군요**.　　⑥ 이것이 만 원이면 비싼 것이 **아니구나**.

ㅓ 나다	[動] 出る，生ずる
ㅋ 오르다	[動] 上がる，登る［르不規則］
ㅌ 내리다	[動] 下がる，降りる，（雨や雪が）降る

　《参考》그렇다《そうだ》にⅠ-네を用いて그렇네とすると「ほんとだ，気がつかなかった」と聞いて驚くような感じ，Ⅰ-구나を用いて그렇구나とすると相手の話を聞いて「なるほど，そういうことかあ」と聞いて納得するような感じがします．

　なお큰일(이) 나다は「大きいことが生ずる」から「大変なことになる」という意味です．

⑥ 方向をあらわす動詞

「入る，出る，上がる，下がる」のような方向をあらわす動詞が，目に見える動きをもった具体的な動作として用いられる場合，朝鮮語では「出ていく，入ってくる」のように２つの動詞を重ねてあらわします．この場合朝鮮語では前の動詞を第Ⅲ語基にして後ろの動詞と組み合わせた合成動詞にして用います〔▶p.161〕．

㋑	나가다	[動] 出ていく，出かける
㋒	나오다	[動] 出てくる
㋓	들어가다	[動] 入っていく，帰っていく
㋔	들어오다	[動] 入ってくる，帰ってくる
㋕	올라가다	[動] 上がっていく，登っていく
㋖	올라오다	[動] 上がってくる，登ってくる
㋗	내려가다	[動] 下がっていく，降りていく
㋘	내려오다	[動] 下がってくる，降りてくる

《参考》たとえば「部屋に入ってください」という日本語は，朝鮮語では「入っていってください」か「入ってきてください」のどちらかで表現します．들다ではなく들어가다，들어오다のどちらかを使うわけです．ただし「カバンに入っています」のように，特に方向が認められない場合は들다を用います．抽象的な動作でも合成動詞で表現することがあります．

■練習8■ 次の文を読み，日本語に訳してみましょう.

①지금 교실에 **들어가지 마세요.**　②우리 아이가 올해 3학년으로 **올라가요.**

③화장실 물이 **안 내려가는데요.**　④여기 설명이 **나와 있으니까** 읽어 보세요.

⑤여보세요? 아버지 집에 계셔? —아, 어머니. 아버지는 아직 **안 들어오셨는데요.**

⑥엘리베이터로 14층으로 **올라오시면** 제 연구실이 있습니다.

㋙	설명	[名] 説明【説明】
㋚	여보세요	[間] もしもし

7 意思，推量をあらわす「〜するつもりだから，〜するはずだから」

名詞터《つもり》を未来連体形Ⅱ−ㄹに続けてⅡ−ㄹ 터이다とすると「〜するつもりだ」という表現になります．これをさらにⅡ−니까〔▷p.15〕と組み合わせたⅡ−ㄹ 터이니까は「〜するつもりだから」という意味になります．터+이はふつう縮まって테となりⅡ−ㄹ 테니까で用いられますので，この形で覚えてください．終止形のように用いられることもあり，その場合，「ですます形」にするには−요を加えます．

主語が話者以外の場合，「〜するはずだから」あるいは「〜するだろうから」という推量の意味をもちます．

■**練習9**■ 次の文を読み，日本語に訳してみましょう．

① 저희가 **제공해 드릴 테니까** 준비는 안 하셔도 됩니다.

② 제가 다 해 드리겠습니다. 어떻게 켜고 끄는지 **모르실 테니까요**.

③ 한국에서는 **안 팔 테니까** 지금 사 놓으세요. —글쎄요, 한국에도 있을 것 같은데요.

④ 먼저 가 있어. 나도 곧 **갈 테니까**.　⑤ **궁금할 테니까** 내가 설명해 놓을게요.

ㅍ	제공	[名] 提供【提供】
ㅌ	켜다	[動] つける
ㅏ	*끄*다	[動] 消す，切る
ㅐ	글쎄	[間] さてと，ええと
ㅣ	궁금하다	[形] 気になる，心配だ [하不規則]

《参考》서다《立つ》の第Ⅰ語基，第Ⅱ語基，第Ⅲ語基が同じ形서である〔▷p.21〕のと同じように，켜다《つける》も第Ⅰ語基，第Ⅱ語基，第Ⅲ語基は同じ形켜です．第Ⅲ語基で加える母音/ㅓ/が第Ⅰ語基켜に重なってしまうからです．

8 助詞「〜で，〜に」

「鉛筆で書く，朝鮮語で話す」のように「〜を用いて」という意味で用いる「〜で」は−로/−으로であらわしますが〔▶p.110〕，「家族旅行で韓国に行く」のように動作がどのような条件，状況，様子で行なわれるかを示す「〜で」にも−로/−으로を用います．この用法は「朝食にパンを食べる」のように日本語の「〜に」に対応することもあります．

■練習10■ 次の文を読み，日本語に訳してみましょう.

① 저는 취미**로** 댄스를 좀 합니다.   　② 어떤 모습**으로** 드라마에 나왔어요?
③ 생수는 무료**로** 제공해 드립니다.   　④ 입학 축하 선물**로** 노트북을 받았어요.
⑤ 끝**으로** 제가 인사드리겠습니다.   　⑥ 전공**으로** 사회학을 배우고 있습니다.

ㅈ	생수	[名] ミネラルウォーター【生水】
ㅊ	무료	[名] 無料【無料】

《**参考**》これらの −로/−으로 は「〜として」の意味でも用いられます．なお場所をあらわ
す −에서《〜で》や −에《〜に》とは用法が異なります．取り替えることはできません．

미　에 : 여보세요. 303호실인데요.
직　원 : 네, 말씀하세요.
미　에 : 방이 좀 더워서 에어컨을 켜고 싶은데요, 어떻게
　　　　켜는지 잘 몰라서요. 그래서 좀 여쭤 보는 겁니다.
직　원 : 글쎄요, 어떻게 설명해 드려야 될지…. 네, 그럼 제
　　　　가 그쪽으로 올라가도록 하겠습니다. 도와 드릴 테
　　　　니까 잠시만 기다려 주세요.
　　　　　　　　＊　　＊　　＊　　＊
직　원 : 여기를 이렇게 눌러 주시면 됩니다.
미　에 : 아, 그렇군요. 고맙습니다.
직　원 : 또 궁금한 것은 없으신지요?
미　에 : 저기…, 냉장고에 들어 있는 물은 그냥 주시는 겁니
　　　　까?
직　원 : 네, 생수는 무료로 제공해 드리고 있습니다. 도와
　　　　드릴 것이 있으면 또 연락해 주십시오.
미　에 : 네, 감사합니다.

テスト：作文練習・その1

■第1課■

① 手伝ってくださってほんとうにありがたかったです．

② 久しぶりに会うことができて楽しかったです．

③ 朝鮮語を学んで韓国が「近い国」になりました．

④ お金はあるから心配しなくても大丈夫です．

⑤ 宿題はやりおえたから遊びに行ってもいいでしょう？

⑥ 昨日会ったあの人，もしかして結婚してるの？

⑦ 何をさしあげましょうか？─キムチチゲ2つください．

⑧ 今日は私がごちそういたします．

⑨ 明日は何時にお目にかかれるでしょうか？

⑩ おうかがいしてみたのですが，ご存じないようでした．

⑪ なるべくなら日本語で書かれた案内冊子がいいのですが．

⑫ 日本ではごはんを食べるとき木でできた箸を使う人が多いです．

＊　＊　＊　＊　＊　＊　＊　＊

① 「ありがたい」は固有語の形容詞を使ってみましょう．

⑤ 「やりおえる」は「全部」〔▷p.135〕＋「やる」であらわすことができます．

⑥ 遠くに「あの人」を見て話しているのではなく「例の人」という意味です〔▷p.15〕．
また「結婚している」は朝鮮語では過去形「結婚した」を用います〔▶p.122, p.125〕．

⑧ 朝鮮語では「おごる」を「買う」であらわします．

⑪ 「書かれた」は「なる，できる」の過去連体形を用います．

■第2課■

① 日曜日ですが会社に出てきています．

② 留学する準備がまだできていません．

③ おいしくなければ食べないでください．

④ そんなところに立っていないでここにすわりましょう．

⑤ 明日は朝5時には起きられそうにありません．

⑥ ここにメールアドレスを書いてくださいますか？

⑦ 授業で学んだ単語はすべてノートに記しておきます．

⑧ 研究室は1409号室です．いっしょにまいりましょう．

⑨いちばん大きいものをください.

⑩路線図は英語ではなく朝鮮語で書かれたものをください.

⑪旅行代理店に予約しておいたチケットをすぐ受け取りに行かなくてはなりません.

⑫まだ研究があまりされていない分野です.

* * * * * * * * *

①「出てきている」は会社に着いたあとの状況です.

②「留学する」はまだ実行していないので未来連体形で「準備」にかぶさります. また「できていません」は動作が終わった「～している」の否定形であらわします.

⑤長い不可能形と「～そうだ」〔▶p.158〕を組み合わせてあらわしましょう.

⑥「メールアドレス」は「Eメール」+「住所」であらわします.

⑦「ノート」は「ノートパソコン（ノートブック）」の「ノート」と同じ形です.

⑨⑩選択をあらわす「～で」にあたる助詞を使ってみましょう.

⑪「旅行代理店」は韓国では「旅行社」といいます. 「**旅行社**」=「**旅行**」+「**会社**」. 動詞は「受け取る」をそのまま使うこともできますが，自分のものを「取り戻す」動作（お金を「おろす」など）やそれに準ずる動作には「探す，見つける」を用いることも可能です.

⑫「**研究**」=「**研究室**」. 「**分野**」=「**分**」+「**野球**」. 「あまり」は「よく」を用います. 「されていない」は②の「できていない」と同じ形ですが，長い否定形を使ってみましょう. 「まだ～されていない～」は「もう～された～」の否定なので過去連体形を用います〔▶p.151〕.

■第3課■

①その男が何号室に住んでいるかご存じですか？

②今日はなぜ人がこんなに多いんでしょう？

③インターネットに問題がないか確認してみてください.

④私たちはかならず勝たなくてはならないのです.

⑤答案用紙にはボールペンではなく鉛筆で書くようにしてください.

⑥金賢哲先生が研究室にいらっしゃらないんですけど.

⑦今日もやっぱり暑いですねえ.

⑧知らない女がひとりで地下室に降りてきました.

⑨入ってもいい？—入ってこないで！

⑩ぼくはここで待ってるから早くして！

⑪もうすぐ着きますから降りる準備をしましょう.

⑫友だちの紹介で会ったんですがとてもいい人です.

* * * * * * * * *

⑥「いらっしゃる」は「いる」の尊敬形です.　　⑨「**地下室**」=「**地下鉄**」+「**教室**」.

第**4**課　薬局にて　―シオッ不規則用言―

美愛さんはホテルの部屋で風邪を引いてしまい，近くの薬局に行きます．

薬 剤 師：どうなさいましたか？

美　　愛：風邪を引いてしまったようです🔟．冷房をつけっぱなしで寝
　　　　　ていて④起きてみたら❷喉がはれて❸とても⓫痛いんです．

薬 剤 師：いけませんね．お気をつけにならないと．熱もありますか？

美　　愛：熱は出ていないです❸．

薬 剤 師：それは何よりですね．処方箋はおもちでないですよね？

美　　愛：はい．処方箋がないといけませんか？

薬 剤 師：本来は処方箋がないと❺薬を作ってさしあげられないんで
　　　　　すが❸．

美　　愛：ではどうしましょう❼❾？

薬 剤 師：大丈夫です．風邪薬のようなものは処方箋なしで⓫ご購入
　　　　　いただけます．

　　　　　　　　＊　　　＊　　　＊　　　＊

薬 剤 師：これを１日３回，食後に❽お飲みになればよろしいです．

美　　愛：ちょっと忙しくて早く⓫治らないといけないんですが❸．

薬 剤 師：無理なさらずよく休まれればすぐよくなるでしょう⓰．

---

❶ 意思，推量をあらわすもう１つの形

　朝鮮語には意思や推量をあらわす形がたくさんあります．意思と推量の両者をあらわすの
がⅠ－겠－〔▶p.114-115, p.127〕です．会話で用いられる意思形にⅡ－ㄹ게요（パンマ
ルはⅡ－ㄹ게）〔▶p.160〕があり，相手の意向をたずねる疑問形Ⅱ－ㄹ까요（パンマルは
Ⅱ－ㄹ까）〔▶p.161〕に推量の用法があるのも学びました．
　ところで，前課で学んだ連体形を用いた形〔▷p.30〕にはⅠ－는 것이다，Ⅱ－ㄴ 것이다
のほか未来連体形を用いたⅡ－ㄹ 것이다があります．Ⅱ－ㄹはまだ実現していないことを

あらわすので, 「～する (つもりな) のだ」や「～する (であろうことな) のだ」, つまり意思や推量をあらわすわけです. 것の短縮形거を用いたⅡ－ㄹ 겁니다, Ⅱ－ㄹ 거예요, Ⅱ－ㄹ 거야が多く用いられるのはⅠ－는 것이다, Ⅱ－ㄴ 것이다の場合と同じです.

Ⅰ－겠－が主観的に話者自身のこととして述べる感じがするのに対し, Ⅱ－ㄹ 것이다はそのあらわす内容を客観的に見ている感じがします. やや誇張していえば제가 하겠습니다は「私が (すぐに) やります」という決意表明, 제가 할 것입니다は「私が (そのうち) やります」という予定の説明だといえます. 推量の場合もⅠ－겠－が「そのはずだ」という「その場」での判断であり, Ⅱ－ㄹ 것이다は距離をおいて判断するような感じがします.

《参考》Ⅱ－ㄹ 것이다はⅠ－는 것이다, Ⅱ－ㄴ 것이다とは異なり「強調」の意味はありません. なおⅡ－ㄹ 것이다の것はⅡ－ㄹの後ろでは濃音で発音されます〔▶p.153〕.

■**練習1**■ 次の文を読み, 日本語に訳してみましょう.

①오빠는 대학원에 **다닐 거죠?**　②동아리 친구하고 한국에 놀러 **갈 겁니다.**

③내년에는 미국에서 **공부할 거예요.**　④주말엔 카페에서 아르바이트를 **할 겁니다.**

⑤이미선 선생님은 날 **모르실 거야.**　⑥언니도 이제 공항에 **도착했을 것입니다.**

《参考》Ⅱ－ㄹ 것이다は推量の意味ではⅢ－ㅆ－を挟むことができます. Ⅰ－겠－がやはり推量の意味ではⅢ－ㅆ－を挟むことができる〔▶p.127〕のと同じです.

❷ 接続形「～すると, ～したら」

あるできごとの前に「～すると, ～したら」のように前提となる動作がある場合, これをⅡ－니까であらわすことができます. 理由をあらわすⅡ－니까〔▷p.15〕と同じ形ですが, この意味で用いられる場合にはⅢ－ㅆ－を挟むことはできません. Ⅲ－Ø 보다をともなって用いられることが多いです.

■**練習2**■ 次の文を読み, 日本語に訳してみましょう.

①**입어 보니까** 좀 작은 것 같습니다.　②**만나 보니까** 재미있는 사람인 것 같아요.

③아침에 **일어나니까** 모르는 남자가 옆에 있었어요.

《参考》「～したら」はⅡ－니까とⅡ－면の両方の可能性がありますが, 前者はすでに実現しているできごとに, 後者はまだ実現していないできごとに用います. 「～したところ」と言い換えられれば前者, 「もし」を加えられれば後者を用いると判別することができます.

3 シオッ不規則用言

第Ⅰ語基の最後の終声字が ㅅ である用言の一部は第Ⅱ語基と第Ⅲ語基で ㅅ が消えます．この種の用言を子音字 ㅅ の名称シオッ〔▶p.55〕をとって**シオッ不規則用言**といいます．

㋐ 웃다	[動] 笑う
㋑ 낫다	[動] 治る〔ㅅ不規則〕
㋒ 짓다	[動] 作る，建てる，名づける〔ㅅ不規則〕
㋓ 붓다	[動] 腫れる〔ㅅ不規則〕

《参考》たとえば낫다《治る》の第Ⅱ語基は나으，第Ⅲ語基は나아です．第Ⅱ語基は나に終声がないのに으がつき，第Ⅲ語基は나とそのあとの아とは縮まりません．나다《出る》が第Ⅰ語基，第Ⅱ語基，第Ⅲ語基ともすべて나であることと比較してみましょう．

シオッ不規則用言では第Ⅱ語基，第Ⅲ語基に으，아/어をまず加えてから ㅅ が消えると考えるのがよいでしょう．

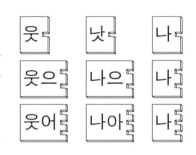

■**練習3**■　次の文を読み，日本語に訳してみましょう．

①이거 정말 **웃을** 일이 아니에요.　②무리하지 않으면 곧 **나을 겁니다**.
③정말 좋은 이름을 **지으셨군요**.　④도서관 건물은 우리 회사가 **지었습니다**.
⑤감기에 걸려서 목이 **부었어요**. 열도 많이 **나요**. 잘 듣는 감기약을 **지어 주세요**.

㋔ 무리	[名] 無理【無理】
㋕ 감기	[名] 風邪【感気】
㋖ 목	[名] 喉
㋗ 열	[名] 熱【熱】
㋘ 듣다	[動] 効く〔ㄷ不規則〕

《参考》⑤の걸리다《かかる》は「時間」のほか「病気」にも用います．듣다《聞く》と듣다《効く》はここでは同音異義語としましたが，「ブレーキが効く」にも用いられるところ

をみると、「いうことをきいてくれる」という両言語に共通する発想なのかもしれませんね.

❹ 接続形「〜していて」

ある用言のあらわす動作や状況の途中で次の動作や状況がはじまるとき、次の動作や状況に焦点が移ることをⅠ-다가であらわします. 習慣的に繰り返される動作や状況に用いられることもあります. 「〜していて，〜していると，〜しているところで」などの日本語に相当します. Ⅰ-다という短縮形もあり，基本形の -다 と同じ形ですが無関係です.

行くところで　　　　　見ていて　　　　　食べていて
가-다가　　　　　　　보-다가　　　　　　먹-다가

■**練習4**■　次の文を読み、日本語に訳してみましょう.

04 04

①어제 텔레비전에서 뉴스를 **보다가** 그 사실을 처음 알았습니다.
②숙제를 **하다가** 모르는 것이 나오면 다음 수업에서 선생님에게 물어 봐야 돼요.
③집에 **들어가다** 친구를 만났어요.　　④항상 두 개 **사다가** 오늘은 하나만 사요?

❺ 接続形「〜してこそ」

Ⅲ-야 되다《〜しなければならない》は直訳すると「〜してこそなる」という意味です（だから「〜しなければならない」になるのです）〔▶p.156〕. つまりⅢ-야は「〜してこそ」という意味をもち，これを単独で用いることもできます. 日本語では多くの場合，「〜しなければ〜しない」のようにいわゆる二重否定であらわされます.

■**練習5**■　次の文を読み、日本語に訳してみましょう.

04 05

①그것은 약사에게 **물어 봐야** 알아요.　②책을 **읽어야** 대학생이라고 할 수 있죠?
③날씨가 **좋아야** 밖에서 운동하는데.　④처방전이 **있어야** 구입하실 수 있습니다.
⑤꼭 나이가 **같아야** 친구가 될 수 있는 것은 아니죠?

㉠ 약사	[名] 薬剤師【薬師】
㉯ 처방전	[名] 処方箋【処方箋】
㉡ 구입	[名] 購入【購入】

6 形容詞から動詞をつくる・その1

おもに形容詞の第Ⅲ語基に −지다 をつけて，「近い」に対して「近くなる，近づく」のように，「そのような状態に変化する」という意味の動詞をつくることができます．

■練習6■ 次の文を読み，日本語に訳してみましょう．

① 옷이 **작아져서** 이제 못 입어요. ② 한국어 발음이 정말 **좋아졌군요.**

③ 내년부터는 대학원 입학 시험이 많이 **쉬워질 것 같아요.** 다행이에요.

④ 우리 대학교도 영어로 하는 수업이 **많아지고 있습니다.** 이게 정말 좋은 일인지….

| ㅈ 다행 | [名] さいわい，何より【多幸】 |

7 動詞のこそあどことば

たとえば「そうする」は，形容詞の副詞形Ⅰ −게〔▶p.150〕を用いて그렇게 하다 ということもできますが，話しことばではこれを그러다 という1単語であらわすことができます．もちろん「こそあど」が全部そろっています．이러다，그러다，저러다の第Ⅱ語基，第Ⅲ語基が이렇다，그렇다，저렇다のそれと同じ形であることに気をつけてください．

그럴ᅳ	그러ᅳ
그러ᅳ	그러ᅳ
그래ᅳ	그래ᅳ

ㅌ 이러다	[動] こうする［特殊ㅎ不規則］
ㅍ 그러다	[動] そうする［特殊ㅎ不規則］
ㅎ 저러다	[動] ああする［特殊ㅎ不規則］
ㅐ 어떡하다	[動] どうする［하不規則］

《参考》어떡하다《どうする》の第Ⅲ語基어떡해 と 어떻다《どのようだ》の副詞形어떻게 《どのように》は両者とも/어떠케/と発音されるので，混同しないよう気をつけましょう．

■**練習7**■ 次の文を読み，日本語に訳してみましょう.

①**그러고 싶으시면 그러십시오.**　②이제 시간이 없는데 **어떡하면** 좋아요?

③**그러지 말고** 하고 싶은 말을 해.　④수업이 너무 빠르고 어려운데 **어떡해?**

⑤아프면 바빠도 잘 쉬어야 돼요. **이러다가** 나을 감기도 안 나아요.

ㄲ	빠르다	[形] 速い [르不規則]
ㄸ	아프다	[形] 痛い，具合がわるい
ㅏ	바쁘다	[形] 忙しい

8 「〜したあとに，〜してから」

過去連体形Ⅱ－ㄴのあとに후《後》を続けることで「〜したあと，〜してから」をあらわすことができます. 多くの場合さらに助詞－에《に》がさらに後ろに続きます.

ㅑ	후	[名] 後【後】

■**練習8**■　次の文を読み，日本語に訳してみましょう.

①서류를 잘 **읽은 후에** 질문하세요.　②어제는 저녁을 **먹은 후에** 나갔습니다.

③원래 저는 술을 **마신 후에는** 밥을 먹지 않습니다.

④난 **결혼한 후에는** 한번도 선물 받아 본 적이 없거든요.

9 やわらかい疑問詞疑問文

Ⅰ－지요には確認〔▶p.132〕や，ていねいな勧誘，命令〔▷p.24-25〕などの意味がありますが，疑問詞とともにこの形が用いられると口調を和らげる働きをし，通常の疑問詞疑問文よりやわらかい感じの疑問文となります. Ⅰ－지でパンマルとしても用いられます.

■**練習9**■　次の文を読み，日本語に訳してみましょう.

①부산에는 몇 시에 **도착하죠?**　②창립 기념일이 몇 월 며칠**이었죠?**

③이런 건 어디다 **버리면 되지?**　④김현철 씨는 연세가 어떻게 **되시죠?**

ㅣ	버리다	[動] 捨てる

⑩ 「～してしまう」

用言の第Ⅲ語基（正確にはⅢ－∅）と前項で学んだ버리다《捨てる》を組み合わせてⅢ－∅ 버리다とすることで、「～してしまう」という意味をあらわします．日本語の「しまう」と朝鮮語の「捨てる」は，いずれも「その場に存在しないようにする」ことで，それが動作を「終わらせる」という意味につながるのだと考えられます．

■**練習10**■ 次の文を読み，日本語に訳してみましょう．

①일 교시 수업에 또 **늦어 버렸어요**.　②저도 감기에 **걸려 버린 것 같아요**.

③저 사람도 우리 대학교 나왔는데 저런 사람이 **되어 버리지 않도록** 조심하세요.

④친구에게 보내야 될 이메일을 선생님에게 **보내 버렸어요**. 어떡하면 되죠?

ㅈ 조심	［名］注意【操心】

⑪ 副詞をつくる語尾

一部の形容詞，存在詞はⅠ－게〔▶p.150〕ではなくⅠ－이という語尾を用いて副詞形を作ります．ル不規則用言の形容詞では－이が－리になりますが，その場合第Ⅲ語基から最後の文字を除いた形が語幹です（빠르다《はやい》が빨리《はやく》になるなど）．これらの語尾がつく形容詞，存在詞は限られており，１つずつ覚えるしかありません．

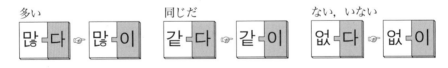

ㅊ 없이	［副］なく，なしに
ㅋ 달리	［副］異なり

漢字語の名詞に－히をつけて副詞が作られる例もあります．열심히《いっしょうけんめい》や안녕히《お元気で》などがその例です．

■**練習11**■ 次の文を読み，日本語に訳してみましょう．

①그러면 **감사히** 받겠습니다. ②**많이** 걱정했는데 **다행히 빨리** 나았네요.

③**안녕히** 가십시오. —네, **조심히** 들어가세요.

④연락도 **없이** 혼자 오지 마세요. 먼저 전화하고 **같이** 오도록 하세요.

⑤일본과는 **달리** 한국은 **열심히** 공부하는 대학생이 많은 것 같습니다.

㋐	감사히	[副] ありがたく【感謝・】
㋑	다행히	[副] さいわいに【多幸・】
㋒	조심히	[副] 注意して，気をつけて【操心・】

약　사 : 어떻게 오셨어요?

미　에 : 감기에 걸려 버린 것 같아요. 에어컨을 켜 놓고 자다가 일어나 보니까 목이 부어서 많이 아파요.

약　사 : 안 되셨군요. 조심하셔야 돼요. 열도 있으세요?

미　에 : 열은 안 나요.

약　사 : 그건 다행이네요. 처방전은 없으신 거죠?

미　에 : 네. 처방전이 있어야 돼요?

약　사 : 원래는 처방전이 있어야 약을 지어 드릴 수 있는데요.

미　에 : 그럼 어떡하죠?

약　사 : 괜찮아요. 감기약 같은 것은 처방전 없이 구입하실 수 있어요.

＊　　＊　　＊　　＊

약　사 : 이걸 하루에 세 번 식사하신 후에 드시면 돼요.

미　에 : 좀 바빠서 빨리 나아야 되는데요.

약　사 : 무리하지 마시고 잘 쉬시면 곧 좋아지실 거예요.

第5課　ふたたびホテルのフロントにて　—用言の体言形・1—

美愛さんは明日から慶尚北道の安東に行く予定で，フロントで行き方を聞きます．

美　　愛：あの，明日から安東に<u>行こうと思うんですが</u>❹，列車はど
　　　　　こから乗るんですか？

スタッフ：<u>安東へいらっしゃるんですか</u>❹？

美　　愛：はい，友人がそこに住んでいるんです．それでそこで<u>会う
　　　　　ことにしました</u>❶❸．

スタッフ：けっこうですね．でも安東は列車に乗って<u>行くには</u>❶少々
　　　　　不便です．<u>安東へ行かれるなら</u>❹列車<u>よりは</u>❼バスに乗っ
　　　　　て行かれるのがいいですよ．バスは30分<u>ごとに</u>❼あってよ
　　　　　り便利ですし，列車に<u>比べて</u>❾料金が<u>安い方です</u>❽．

美　　愛：はい，それは<u>知ってるには知ってるんですが</u>❶❷，韓国でい
　　　　　ちど列車に乗ってみたくて…．

スタッフ：そうなんですね．では1号線の清凉里<u>という</u>❺ところで中
　　　　　央線の列車<u>に</u>❻<u>お乗り換えになれば</u>いいです．でも安東ま
　　　　　で行く列車がバス<u>ほど</u>❼<u>多くはないんですよ</u>❿．

美　　愛：列車の時間を知ることができるでしょうか？

スタッフ：はい，私が今お調べいたしますね．

---

❶ 用言の体言形・その1

　用言を体言形にする方法として，動詞「〜すること」にはⅠ-는 것を用い〔▶p.110〕，
形容詞「〜いこと」はⅡ-ㄴ 것を用いる〔▶p.145〕ことを学びました（存在詞は前者，
指定詞は後者に準じます〔▶p.123〕）．これとは別にⅠ-기という形を用いて1単語とし
ての体言形を作る方法があります．どの品詞にも用いることができますが，用いるケースが
限られているので，少しずつ用法を学んでいくことにしましょう．Ⅰ-기は「〜すること」
以外に「〜するの」などの日本語にも該当し，完全に名詞として扱われる例もあります．

食べること
먹 -기

聞くこと
듣 -기

待つこと
기다리 -기

■練習1■ 次の文を読み，日本語に訳してみましょう．

①저는 자전거를 **타기**를 좋아합니다． ②한국에서 일본 요리를 **먹기**는 처음입니다．

③오늘은 김치 **만들기** 교실이 있어요． ④**크기**가 너무 큰 것 같은데 괜찮을까요?

⑤약 같은 것을 인터넷으로 **사기**는 좀 걱정이 되는데요．

　《**参考**》上記①②⑤はⅠ－는 것に置き換えることが可能です．

2「～することはする，～するにはする」

　上で学んだ用言の体言形Ⅰ－기を用い，日本語と同じように組み合わせて먹기는 먹다《食べることは食べる，食べるには食べる》という表現をすることができます．後ろの用言に하다《する》を用いて먹기는 하다《食べはする》のようにあらわすことも可能です．

　《**参考**》この하다は英語の代動詞の役割を担うものだといえます．*Do you study Korean?* *Yes, I do.*《朝鮮語を学んでいるんですか？はい，**学んでいます**》を参照してください．

■練習2■ 次の文を読み，日本語に訳してみましょう．

①고기도 **먹기는 먹는데** 안 좋아해요． ②그 말도 **쓰기는 하지만** 안 좋은 말이에요．

③**사기는 샀지만** 아직 안 읽었습니다． ④**알아보기는 했는데** 좋은 건 못 찾았어요．

ア 알아보다 　　　　　　　　　　[動] 調べる

　形容詞にこの形が用いられると크기는 크다《大きいには大きい》となります．크기는 하다ということもでき，形容詞では後者のほうが多く用いられるようです．하다は前の用言のかわりに用いられる単語なので，形容詞として扱われます（なお있기는 하다など存在詞と組み合わせる하다は存在詞ではなく形容詞として扱われます）．

■練習3■ 次の文を読み，日本語に訳してみましょう．

①손이 좀 **아프기는 한데** 괜찮아요． ②저 식당은 값이 **싸기는 싼데** 맛이 없어요．

③그 사람도 대학생**이기는 한데요**⋯． ④돈이 **있기는 한데** 내 돈이 아니거든요．

Ⅰ-기는 の 는 を別の助詞に置き換えた表現もあります. ただしその場合は同じ用言を繰り返すのではなく 하다 を用います.

《参考》たとえば 먹기만 하다 は「食べることだけする」から「食べてばかりいる」に, 먹기도 하다 は「食べることもする」から「食べもする」という意味をもつわけです.

■**練習4**■　次の文を読み, 日本語に訳してみましょう.　
① 왜 그냥 **웃기만 해요**?　　② **놀기만 하지 말고** 일도 좀 해야 돼요.
③ 열이 나고 목이 **아프기도 해요**.　④ 집 값은 **오르기도 하고 내리기도 하죠**?

3 「～することにする」

ものごとを決定するときに用いる「～することにする」という表現を, やはり上で学んだ Ⅰ-기 を利用して作ることができます. Ⅰ-기 のあとに選択をあらわす助詞 -로/-으로〔▷p.26〕をつけ, 「する」はそのまま 하다 を用いて Ⅰ-기로 하다 とするわけです.

■**練習5**■　次の文を読み, 日本語に訳してみましょう.　
① 러시아어를 **배우기로 했습니다**.　　② 안동에는 기차를 타고 **가기로 합시다**.
③ 방학 동안 한국에 놀러 **가기로 했어**.　④ 고등학교 때 친구와 **결혼하기로 했어요**.

ㄱ 안동	[名] 安東【安東】〔韓国の都市の名〕	
ㄷ 기차	[名] 汽車, 列車【汽車】	

4 「～しようと思う」

「～しようと思う」という意図をあらわすには Ⅱ-려고 하다 という形を用います. Ⅱ-려고 が「～しようと」, 하다 が「思う」に該当します（ただし状況によっては「する」と訳すのが適当な場合もあります）. 話しことばでは Ⅱ-ㄹ려고 하다 と発音されることが少なくありません（ただし書くときは Ⅱ-려고 하다 を使うのがふつうです）. さらにくだけた会話では（お勧めしませんが）Ⅱ-ㄹ라고 하다 という発音も聞かれます.

《参考》하다 はこのような組み合わせ表現で「する」以外の日本語に該当することがあります. -라고 하다/-이라고 하다 の 하다 は「いう」でしたね.

食べようと思う／食べようとする
먹으**려**고 하다

飲もうと思う／飲もうとする
마시**려**고 하다

■**練習6**■　次の文を読み，日本語に訳してみましょう.

①캐나다에 **유학하려고 합니다**.　②지금 뭘 **하려고 하는 거예요?**

③저녁은 밖에서 **먹으려고 해요**.　④주말에 그 사람을 **만나려고 합니다**.

　하다を用いずⅡ-려고だけで文を終わらせることも可能です. 平叙文「～しようと思う, ～しようとする」と疑問文「～しようと思うか, ～しようとするか」の両方の意味に用いることができます. ただしこの形はパンマルなので, 「ですます形」にするにはⅡ-니까〔▷p.15〕などと同じく-요を加えます.

　Ⅱ-려고 하다のⅡ-려고は本来は接続形〔▶p.79〕なのでⅡ-려고のあとに하다以外の用言が続くこともあります. その場合も日本語としては「～しようと思って, ～しようとして」のように「思って, して」を補って考えます.

■**練習7**■　次の文を読み，日本語に訳してみましょう.

①목이 아파서 오늘은 좀 **쉬려고**.　②내일도 **먹으려고** 좀 많이 만들었어요.

③저한테 무얼 **물어 보시려고요?**　④야구장에 **가려고** 버스를 갈아탔습니다.

　Ⅱ-려고 하다の하다が特に接続形や連体形となって文が後ろに続く場合, Ⅱ-려고 하다の고 하を省略し前後を直結することが少なくありません. たとえばⅡ-려고 하면はⅡ-려면ともいうことができます.

食べようと思う／食べようとする
먹으**려**고 하다
↓

飲もうと思う／飲もうとする
마시**려**고 하다
↓

　《**参考**》実際には接続形, 連体形だけでなく, 終止形が続くⅡ-려고 합니다, Ⅱ-려고 합니까なども縮まってⅡ-럽니다, Ⅱ-럽니까などとなることがあります.

■**練習8**■　次の文を読み，日本語に訳してみましょう. 非短縮形にも戻してみましょう.

①저를 어떻게 **하시럽니까?**　②점심을 **먹으려는데** 맛있는 데 알아요?

③무슨 얘기를 **하려는지** 모르겠어요.　④정말 그 사람과 **결혼하시려는 겁니까?**

⑤20층으로 **올라가려면** 어느 쪽 엘리베이터를 타야 돼요? —왼쪽 파란 걸 타면 돼.

⑤ 「〜という」の短縮形

　上で学んだⅡ－려고 하다と同じく，「〜という」をあらわす －라고 하다/－이라고 하다も 하다が特に接続形や連体形になった場合に 고 하が省略されることが少なくありません．たとえば －라고 하는/－이라고 하는は －라는/－이라는ともなります．

■**練習9**■　次の文を読み，日本語に訳してみましょう．非短縮形にも戻してみましょう.
　①1호선 청량리**라는** 역에서 중앙선**이라는** 기차를 타면 돼요.
　②그 사람도 한국어 선생님**이랍니다.**　③이것이 중국 요리**라는데** 정말 그래요?

ㅌ	호선	[名] 〜号線【号線】
ㅍ	청량리	[名] 清凉里【清凉里】〔ソウルの地名〕
ㅎ	중앙선	[名] 中央線【中央線】〔韓国の鉄道路線〕

　《**参考**》－라고 하다/－이라고 하다は「〜という」という意味であることからいわゆる伝聞の「〜だそうだ」という意味にもなります．

⑥ 変化をあらわす助詞「〜に」

　目的語をあるものに変化させる「〜に替える」などの「〜に」は－로/－으로です.

　《**参考**》この－로/－으로は「学校へ行く」などの「〜へ」〔▶p.162〕と同じく，広い意味で「方向をあらわす」といえそうですが，－에 に取り替えることはできません．

■**練習10**■ 次の文を読み，日本語に訳してみましょう．
　①이것을 일본어**로** 번역해 주세요.　②서울역에서 지하철**로** 갈아타세요.
　③이 돈을 여기서 한국 돈**으로** 바꿔 주실 수 있어요?

| ㅋ | 번역 | [名] 翻訳, 訳【翻訳】 |

⑦ いくつかの助詞

　よく使われる助詞をあらたにいくつか学んでおきましょう．

　　Ａ 比較をあらわす「～より」には －보다 という形を用います. 「～するより」と言いたい場合はいったん「～する」を体言形Ⅰ－기にし, そのあとに －보다 をつづけて表現します. 助詞は基本的に名詞につくからです. 体言形はⅠ－는 것, Ⅱ－ㄴ 것 を用いることもできます. 形容詞の前に 더《より》をともなって用いられることが少なくありません.

　　Ｂ 繰り返しを意味する「～ごと, ～たび」には －마다 という形を用います. 動作の繰り返しをあらわす場合には 때《とき》を用いてⅡ－ㄹ 때마다 であらわすことができます.

　　Ｃ 「～ほど」は －처럼 を用いてあらわします. 同じ程度であることをあらわす助詞なので, 「～のように」という意味にもなります. 用言を用いる場合はⅠ－기 よりもⅠ－는 것, Ⅱ－ㄴ 것 を用いた体言形であらわすのがふつうです.

ㅋ	－보다	[助] ～より
ㅌ	－마다	[助] ～ごとに, ～たびに, ～のつど
ㅍ	－처럼	[助] ～ほど, ～のように

■練習11■ 次の文を読み, 日本語に訳してみましょう.

①한국어**보다** 영어가 발음이 더 어려운 것 같아요.

②목요일**마다** 경기가 있습니다.　　③이 노래를 들을 때**마다** 오빠 생각이 나요.

④박 선생님**처럼** 좋은 선생님은 없어.　⑤혼자 하기**보다** 우리 같이 하는 게 더 좋죠?

⑥좋아하는 사람과 맛있는 것을 먹는 것**처럼** 즐거운 일은 없죠?

---

❽「～する方だ, ～な方だ」

　　편《方》という名詞を用言の連体形Ⅰ－는, Ⅱ－ㄴ と組み合わせることで, 「～する方だ, ～な方だ」という表現ができます. 一般的には文の述語として用いられます.

■練習12■ 次の文を読み, 日本語に訳してみましょう.

①남자 친구는 없지만 여자 친구는 **많은 편**이에요.

②술을 **좋아하는 편**이지만 많이 **마시는 편**은 아니에요.

③제가 음식을 빨리 **먹는 편**이거든요.　④구두 같은 건 일본보다 **싼 편**이 아닙니까?

　　《参考》主語としての「～の方が」は朝鮮語では単に「～が」, あるいは「～がより～」と表現するのが一般的です. 練習11①⑤がその例です.

⑨「〜に比べて，〜に比べると」

「〜に比べると」という表現は，「比べる」という動詞をⅡ−면と組み合わせてあらわすことができます．またⅢ−서と組み合わせて「〜に比べて」と言うこともできます（この場合のⅢ−서は「理由」ではありませんが，このような言い方をします）．

■**練習13**■ 次の文を読み，日本語に訳してみましょう.

①서울**에 비하면** 부산은 겨울에도 날씨가 춥지 않은 편이에요.

②여기서 파는 도시락은 값**에 비해서** 반찬이 괜찮은 편이죠?

③작년**에 비해서** 요금이 좀 올랐어요.　④나**에 비하면** 형은 거의 술을 안 마십니다.

世	비하다	[動] 比べる【比・・】　[하不規則]
시	요금	[名] 料金【料金】

《**参考**》−에 비하면, −에 비해서はまとまった１つの表現なので, 人（や動物）をあらわす名詞のあとでも−에게（話しことば−한테）ではなく−에を用います.

⑩ 長い否定形，長い不可能形の助詞挿入

日本語でたとえば「多い」の否定形「多くない」に助詞を挟んで「多くはない，多くもない」のように言えますが，朝鮮語の長い否定形Ⅰ−지 않다もⅠ−지に助詞をつけて細かいニュアンスを加えることが可能です．長い不可能形Ⅰ−지 못하다も同様です.

《**参考**》많지 않다《多くない》に対して많지는 않다《多くはない》, 많지도 않다《多くもない》のように言えます. 動詞の場合먹지 않다《食べない》に対して먹지는 않다《食べはしない》, 먹지도 않다《食べもしない》ようになります. 動詞の形はⅠ−지が一種の体言形であることと않다が「しない」に相当すること〔▷p.23〕から理解できるでしょう. 助詞を挟む際にはふつう否定形を用いない있지는 않다《ありはしない》のような形も可能です.

■**練習14**■ 次の文を読み，日本語に訳してみましょう.

①중국어도 잘 하시는군요. —아니요, **그렇지도 않아요**.

②전철 역에서 **가깝지가 않아서** 아주 **편리하지는 않지만** 아주 **불편하지도 않습니다**.

③술을 마신 후에 약을 먹는 것은 **좋지가 않아요**.

④두 시간 기다리는데 그 사람은 **오지를 않아요**. 이제 **기다리지를 못해요**.

ㅈ 편리하다 /펼리하다/   [形] 便利だ【便利・・】 ［하不規則］

ㄷ 불편하다   [形] 不便だ【不便・・】 ［하不規則］

《参考》 Ⅰ-지には-는, -도のほか-가, -를がつくこともあります. -가, -를がつ
いた形は一種の強調形です. 意思をもって行なわれる動作には-를が, そうでない動作（形容
詞を含む）には-가が用いられるようです.

미　에 : 저기요, 내일부터 안동에 가려고 하는데 기차는 어
디서 타요?

직　원 : 안동으로 내려가시려고요?

미　에 : 네, 친구가 거기 살거든요. 그래서 거기서 만나기로
했어요.

직　원 : 좋으시겠네요. 근데 안동은 기차 타고 가기에는 좀
불편해요. 안동으로 가시려면 기차보다는 버스 타고
가시는 게 더 좋아요. 버스는 30분마다 있어서 편리
하고요, 기차에 비해서 요금이 싼 편이에요.

미　에 : 네, 그건 알기는 하는데 한국에서 한번 기차를 타
보고 싶어서요....

직　원 : 그러시군요. 그럼 1호선 청량리라는 데에서 중앙
선 기차로 갈아타시면 돼요. 근데 안동까지 가는
기차가 버스처럼 많지가 않거든요.

미　에 : 기차 시간을 알 수 있을까요?

직　원 : 네, 제가 지금 알아봐 드릴게요.

第6課　安東へ行く車中にて　―話しことばの形―

美愛さんは安東に行く列車の中でとなりにすわったおばさんに話しかけられます.

おばさん：さっきから何を熱心に見たり写真撮ったりしてるの❷？

美　　愛：はい，景色がとても良くてこうしてるんです❻.

おばさん：学生さん実家はどこなの？　うちの国の人⓬じゃないようだ
　　　　　けど❼.

美　　愛：はい，日本人⓬です.　韓国に旅行に❸来たんです.

おばさん：やっぱりそうなのね.　韓国には初めて来たの？

美　　愛：ソウルには何回か❹来てたんですけど❽，こうやって地方に
　　　　　行くのは初めてです.

おばさん：そう.　じゃあ今この汽車に乗ってどこに行くの？　一人旅の
　　　　　ようだけど❼.

美　　愛：安東です.　あそこに河回村って❺あるでしょう？　あそこを
　　　　　ちょっと見物しようと思ってます❶.

おばさん：あそこは外国人が一人で行くのはたいへんそうだけど❾.

美　　愛：友だちが安東に住んでるんです.　その友だちと❿いっしょ
　　　　　に行くつもりです.

おばさん：それならいいわね.　たくさん見て楽しく遊びなさいね⓫.

---

❶「～しようと思う」と「～という」の話しことば

　Ⅱ－려고 하다《～しようと思う》〔▷p.48-49〕は話しことばで 하다 に替えて 그러다〔▷p.42〕を用いてⅡ－려고 그러다のように言うことが可能です.　意味は変わりません（この 그러다 には「そうする」の意味はありません）.　Ⅱ－ㄹ려고 그러다，Ⅱ－ㄹ라고 그러다とするとさらに話しことば的です〔▷p.48〕.

　なお －라고 하다/－이라고 하다《～という》も話しことばでは －라고 그러다/－이라고 그러다の形が可能です.　하다 と同じく 그러다 も「言う」の意味をもつわけです.

■**練習1**■ 次の文を読み，日本語に訳してみましょう.

① 오늘은 오랜만에 한국 요리를 먹으러 **나가려고 그래요**.

② 저도 러시아어를 **공부하려고 그러는데** 좋은 교과서가 있을까요?

③ 저 사람 지금 뭐**라고 그랬어요**? ― 뭐**라고 그랬는지** 나도 모르겠어요.

④ 남자 친구가 아니고 그냥 친구**라고 그러면** 될 것 같아요.

☑ 「〜したりする，〜だったりする」

他にも同種の動作や状況があることをほのめかす「〜したりする，〜だったりする」は「〜したり，〜だったり」にⅠ−고を用い，その後ろに 하다《する》を続けてあらわすことができます. Ⅰ−고を2つ以上並べることもでき，後ろに助詞がつくこともあります.

話しことばでは하다のかわりに前項で学んだ그러다を用いることができます.

■**練習2**■ 次の文を読み，日本語に訳してみましょう.

① 어제는 다 같이 즐겁게 **놀고 먹고 마시고 했습니다**.

② 스마트폰으로 음악을 **듣고** 사진을 **찍고는 하는데** 전화를 하는 일은 거의 없어요.

③ 동아리에선 기타를 **치고 그럽니다**.　④ 방학이 되면 여행도 **가고 그러고 싶어요**.

㉠ 사진	[名] 写真【写真】
㉡ 찍다	[動] 撮る

Ⅰ−고に動詞以外の用言が用いられる場合 하다は形容詞として扱われます. またその場合話しことばで하다のかわりに用いられるのは그러다ではなく그렇다です.

■**練習3**■ 次の文を読み，日本語に訳してみましょう.

① 목이 좀 **아프고 한데** 괜찮아요.　　② 닭고기가 돼지고기보다 **맛있고 그런데요**.

③ 값이 너무 **비싸고 해서** 많이 사지를 못합니다.

④ 내일은 시험이 **있고 그래서** 집에서 공부해야 돼요.

⑤ 그렇게 생각하는 사람도 **있는 것 같고 그런데요**.

《**参考**》 Ⅰ−고 하다は理由をあらわすⅢ−서を組み合わせたⅠ−고 해서《〜したりするので，〜だったりするので》という形でも用いられ，理由が他にもあることになるので語調を和らげる役目を果たします.

🞰 「〜に行く」と「〜に来る」

　「韓国に行く，韓国に来る」など「地点」をあらわすにはもちろん −에《〜に》を用います．なお「地点」ではなく「方向」ととらえる場合に −로/−으로《〜へ》が用いられることも学んでいます〔▶p.162〕．

　しかし「旅行に行く，旅行に来る」などの「〜に」は −에 も −로/−으로 も用いられません．このような「動作」をあらわす名詞につく「〜に」には −를/−을《〜を》用います．

　《参考》「動作」をあらわす名詞かどうかを見分けるにはその名詞を用いて「〜をする」と言えるかどうか試してみればよいのです．「旅行をする」とは言えますが「韓国をする」とは言えませんね．「〜をする」と言い替えられる名詞に −를/−을 を用いると考えてください．
　もちろん 여행을 하다《旅行をする》あるいは 1 単語にして 여행하다《旅行する》ともいえるのですが，動作の向きを具体的に示すために 가다，오다 が用いられる場合があるのです．

■練習4■　次の文を読み，日本語に訳してみましょう．
　①가족과 같이 **식사를 나갔습니다.**　　②봄에는 많은 사람들이 **꽃구경을 갑니다.**
　③여기까지 **마중을 나와 주셨군요.**　　④학생이 연구실에 **인사를 와 주었습니다.**

ⓤ 구경　　　　　　　　　　　[名] 見物

　《参考》가다，오다 を含む合成動詞〔▷p.33〕にも −를/−을 が用いられます．

🞤 疑問詞の不定詞的用法

　たとえば疑問詞 누구《だれ》は「だれか」という意味にもなります．このように朝鮮語の疑問詞は同じ形が「〜か」を含む不定詞の役割も果たします．そのためたとえば 어디 가요? は「どこに行くのか？」と「どこかに行くのか？」の両方の意味を持つわけです．

　《参考》疑問詞を疑問詞として用いる場合はその最後の文字にアクセントが置かれます（ただし 누가《だれが》は 가 にアクセント）．어디 가요? が「どこに行くのか？」である場合は 디 を高く発音するわけです．疑問詞疑問文は疑問詞が出てきたその瞬間に疑問文だということがわかるので，英語のそれと同じく必ずしも文末を上げて発音する必要はありません．
　一方疑問詞を不定詞として用いる疑問文では疑問詞にアクセントが置かれません．疑問詞疑問文ではなく，はい／いいえで答える疑問文になるので，文末は必ず上げて発音します．

■**練習5**■　次の文を読み，日本語に訳してみましょう．

①지금 **어디** 나가십니까?　　②왜 웃어요? **무슨** 재미있는 일이 있어요?

③**몇 번** 뵌 적이 있습니다.　　④**언제** 한번 독일어도 배워 보고 싶습니다.

---

5 「～という」の後半省略形

Ⅱ−려고 하다〔▷p.48−49〕と同じく −라고 하다/−이라고 하다にも後半の하다を省略した形があります．「～という」から「～いう」を省いた「～と」，つまり「～って，～だってば」などにあたる話しことば的な表現です．これらも平叙文と疑問文の両方に用いることができます．−요を加えることで「ですます形」になるのもⅡ−려고と同じです．

■**練習6**■　次の文を読み，日本語に訳してみましょう．

①그렇지만 난 아직 스물 하나**라고**.　　②뭐**라고요**? 이게 모두 다 무료**라고요**?

③청량리**라고** 지하철 역이 있죠?　　④하회 마을**이라고** 들어 본 적이 있어요?

| ㅍ | 하회 | [名] 河回【河回】〔安東近郊の村の名〕 |
| ㅎ | 마을 | [名] 村 |

---

6 用言のこそあどことばの用法

特に会話では日本語，朝鮮語ともに本来は文の途中に用いられる接続形で文を終えることがありますが，朝鮮語では特に理由をあらわす接続形のあとで用言としての「こそあどことば」を用いて文の調子を整えることがあります．日本語ではたとえば「～だからです」というところを，朝鮮語ではそ렇다《そうだ》あるいはそ러다《そうする》を続けて「～だからそうなのです，～だからそうするのです」のように表現することがあるのです．

■**練習7**■　次の文を読み，日本語に訳してみましょう．

①왜 안 먹어? —배 **안 고파서 그래**.　　②왜 **그래요**? 재미없어서 **그러는 거예요**?

③제가 정말 **궁금해서 이런 겁니다**.　　④너무 **바쁘셔서 그러신지** 연락이 없네요.

《**参考**》この表現には「そ」以外の「こそあどことば」が用いられることもあります．
なおそ러다は그렇게 하다のことであり〔▷p.42〕，하다が「いう」としても用いられることから〔▶p.28, p.101〕，그러다は「そうする」以外に「そういう」の意味にもなります．

7 根拠をもった推量「〜するようだ，〜のようだ」

　朝鮮語には推量をあらわす表現がいくつもあります．用言の体言形に같다を続けた「〜するようだ，〜したようだ」という形を以前学びましたが〔▶p.158-159〕，これらの形がいわば断言を避けて「ぼかす」意味合いが強いのに対して，ここで学ぶ I −나 보다（ I −는가 보다），II−ㄴ가 보다は話者が何らかの具体的な事実をみて，それを根拠に判断する場合に用いられる形です．

あるようだ　있−나 보−다　　あるようだ　있−는가 보−다　　多いようだ　많으−ㄴ가 보−다

　 I −나 보다（ I −는가 보다）は動詞と存在詞，II−ㄴ가 보다は形容詞と指定詞に用いるのが原則です．存在詞の尊敬形にはII−ㄴ가 보다を用いることが多いようですが，補助語幹III−ㅆ−， I −겠−がはさまる場合にII−ㄴ가 보다は用いられません〔▷p.31〕．またここで用いられる보다が形容詞として扱われることに気をつけてください．

　　《参考》 I −는가 보다，II−ㄴ가 보다の I −는가，II−ㄴ가は本来は疑問をあらわす語尾です（直訳では「〜するのかなと見る，〜なのかなと見る」ぐらいになります）． I −는가とII−ㄴ가の関係（形の対応，補助語幹が挟まる場合の使い分け）はすでに学んだ I −는데とII−ㄴ데の関係〔▶p.154-155〕， I −는지とII−ㄴ지の関係〔▷p.28-29〕と同じです．
　　形の上ではこのように I −는가とII−ㄴ가が対応しますが，実際には I −는가の別形である I −나の方が（特に補助語幹をはさむ場合）はるかに多く用いられます． I −나で覚えておけば問題ありません．なお I −나は形容詞に用いられることもあるようです．

■練習8■　次の文を読み，日本語に訳してみましょう．　　　　　

①궁금한 것이 **있으신가 봐요**.　　②커피보다 홍차를 **좋아하시나 봐요**.
③회사 일이 **힘드신가 본데요**.　　④편의점에서 **아르바이트하나 보죠**?
⑤지방에서 **올라오셨나 본데** 고향이 어디시죠?

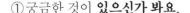

ㄱ	힘들다	［形］たいへんだ，しんどい
ㄱ	지방	［名］地方【地方】
ㄱ	고향	［名］ふるさと，生まれ【故郷】

8 過去形の過去形（大過去形）

過去をあらわす補助語幹Ⅲ－ㅆ－は２つ重ねて（つまりⅢ－ㅆ었－）用いることができます．この形は，過去の動作や状況の結果が今の状況と切り離されていて，今はその結果が残っていないことを明確にあらわすために用いられます．英語の過去完了（大過去）の用法と似ています．

■**練習9**■ 次の文を読み，日本語に訳してみましょう．

① 답안지는 책상 위에 **놓았었거든요**.　② 혹시 아까 여기에 그 직원이 **안 왔었어요**?

③ 그 선수는 작년까지는 홈런을 많이 **쳤었습니다**.

④ 내 얘기를 잘 들어 주는 좋은 친구**였었는데**….

ㅋ 아까　　　　　　　　　　　[副] さっき

9 推量をあらわす「～するはずだが」

「～するつもりだから，～するはずだから」にあたるⅡ－ㄹ 테니까と，そのもとになるⅡ－ㄹ 터이다《～するつもりだ，～するはずだ》という形を学びました〔▷p.34〕．このⅡ－ㄹ 터이다をⅡ－ㄴ데《～だが》組み合わせたⅡ－ㄹ 터인데という形があり，Ⅱ－ㄹ 테니까の場合と同じく터이が테のように縮まってⅡ－ㄹ 텐데となります．

この形はⅡ－ㄹ 테니까とは異なり，推量の「～するはずだが，～するだろうに」の意味のみをもちます．「ですます形」にするためには－요を加えます．

■**練習10**■ 次の文を読み，日本語に訳してみましょう．

① 형은 그 사람이 누군지 **모를 텐데**.　② 저 건물이 없으면 경치가 더 **좋을 텐데**.

③ 김치찌개는 더 **매워야 될 텐데요**.　④ 이런 건 중학교 수업에서 **배웠을 텐데요**.

⑤ 마트에서 사는 게 더 **쌀 텐데** 꼭 백화점에서 사야 돼요?

ㅍ 경치　　　　　　　　　　　[名] 景色【景致】

🔟 助詞「〜と」の話しことば

助詞「〜と」には−와/−과〔▶p.74-75〕とその話しことば−하고〔▶p.85〕がありますが，さらにくだけた話しことばの形に−랑/−이랑があります．−랑は母音字で終わる単語のあとで，−이랑は子音字で終わる単語のあとで用いられます．

《参考》たとえば「本と辞書を」という場合，−하고と−랑/−이랑は책하고 사전하고，책이랑 사전이랑のようには２つの名詞の両方に助詞をつけて（つまり「本と辞書と」のように）いいますが，책과 사전과とはいえず，책과 사전을となります．−와/−과の機能は２つのものを「つなぐ」ことであり，−하고と−랑/−이랑は２つ（以上）のものを「並べて示す」機能をもつといえるでしょう．

■**練習11**■ 次の文を読み，日本語に訳してみましょう.

①아저씨**랑** 아줌마**랑** 같이 오세요?　②지금도 저**랑** 동생**이랑** 같은 방을 써요.
③라면**이랑** 김치**랑** 같이 먹으면 더 맛있어요.

ㅂ	−랑	[助] 〜と〔母音字のあとで〕
ㅅ	−이랑	[助] 〜と〔子音字のあとで〕
ㅈ	아저씨	[名] おじさん
ㅌ	아주머니	[名] おばさん
ㅍ	아줌마	[名] おばさん〔親しい呼び方〕

🔟 ヘヨ体の命令形

ハムニダ体命令形Ⅱ−ㅂ시오にあたるヘヨ体はⅢ−요（Ⅲ−∅ に −요を加えた形）ですが，ヘヨ体でもハムニダ体にあわせて尊敬形を用いる（たとえば읽으십시오のヘヨ体は읽어요ではなく읽으세요）と学びました〔▶p.139〕．実際には읽어요のような尊敬形でないヘヨ体も命令形として用いられるのですが，この形はていねいさが非常に低い形なので，親しい間柄や，あるいは目上が目下に向かって話すときなどに用います．

■**練習12**■ 次の文を読み，日本語に訳してみましょう.

①먼저 그것부터 **설명해 봐요.**　②내일 바쁘지 않으면 그 친구랑 같이 **와요.**

🔢 合成語の濃音化・その1

すでにいくつか個別に例を見ましたが，名詞と名詞が続いて「〜の〜」の意味で用いられる場合，後ろの名詞の子音字が濃音で発音されることがあります〔▶p.66, p.159〕.

《参考》子音字が濃音になりうる ㄱ，ㄷ，ㅂ，ㅅ，ㅈであることが条件なのはもちろんです．その場合でも前の単語が「つまる終声」〔▶p.37〕で終わる場合には次の子音字は「自動的に」濃音になるので〔▶p.48, p.60〕，2つの単語の関係を気にする必要はありません.

■練習13■ 次の文を読み，日本語に訳してみましょう.
①**신문 값**이 많이 올랐죠?　　　　②이걸 **일본 돈**으로 바꿔 주세요.
③그 유학생이 어느 **나라 사람**이에요? 한국 사람이에요? —**러시아 사람**이에요.

아줌마 : 아까부터 뭘 열심히 보고 사진 찍고 그래요?

미　에 : 네, 경치가 너무 좋아서 이러고 있어요.

아줌마 : 학생 고향이 어디예요? 우리 나라 사람이 아닌가
　　　　본데.

미　에 : 네, 일본 사람이에요. 한국에 여행을 왔어요.

아줌마 : 역시 그렇구나. 한국에는 처음 왔어요?

미　에 : 서울에는 몇 번 왔었는데요, 이렇게 지방으로 내려
　　　　가는 건 처음이에요.

아줌마 : 그래. 그럼 지금 이 기차 타고 어디 갈려고? 혼자
　　　　여행하나 본데.

미　에 : 안동요. 거기 하회 마을이라고 있죠? 거기 좀 구경
　　　　할려고 그래요.

아줌마 : 거기는 외국 사람이 혼자 가기는 힘들 텐데.

미　에 : 친구가 안동에 살거든요. 그 친구랑 같이 갈 거예
　　　　요.

아줌마 : 그럼 되겠네. 많이 보고 재미있게 놀아요.

■ **第4課** ■

① 土曜日には家で休むつもりです.

② 路線図は案内所に行けば無料でもらえると思います.

③ 図書館に来てみたら休館日でした.

④ この薬を飲めばすぐなおるでしょう.

⑤ こうしているとあの日を思い出します.

⑥ 本を読んでいるうちに寝てしまいました.

⑦ 寒くないと冬とはいえないでしょう？

⑧ 秋になると韓国に行きたくなります.

⑨ 降りる人が降りてから乗るようにしましょう.

⑩ ハングルの日はいつでしたでしょう？

⑪ わが国もこんな国になってしまいました.

⑫ 予約なしで飛行機に乗ることはできません.

＊　＊　＊　＊　＊　＊　＊　＊

② 「もらえる」は「受け取ることができる」とすればよいでしょう.

③ 「休館日」は「休む」の連体形を使って「休む日」であらわせます〔▶p.70〕.

④ 朝鮮語では薬は「食べる」ものでしたね〔▶p.164–165〕.

⑤ 「あの日」は遠くに見えているものではないので「その日」を用います. 「～を思い出す」は「～が思いが出る」と表現します. 自然にそうなる, つまり「～が思い出される」と同じ考え方ですね. 「～が」が重なりますが, 「思いが」の「が」は省略可能です.

⑦ 直訳も可能ですが, 「寒くてこそ冬だといえるでしょう？」としてみましょう.

■ **第5課** ■

① リーディングとリスニングはやさしかったですが, ライティングとスピーキングがむつかしかったです.

② 見るには見ましたが面白い映画ではなかったです.

③ 行きたくはあるのですが時間がありません.

④ たくさん助けてくださって, ほんとうにありがたくもあり申し訳なくもありました.

⑤ やはり留学試験を受けることにしました.

⑥ 明日からは朝6時に起きようと思います.

⑦うちの子が牛乳を飲もうとしないのですけど.

⑧インスタントラーメンならこれがいちばんおいしいです.

⑨私には朝鮮語に訳すより英語に訳す方がむつかしいです.

⑩今やっているようにいっしょうけんめいやればいいのです.

⑪私は他の人に比べて外国の友だちが多い方です.

⑫読んでみたら思ったよりつまらなくはなかったです.

＊　＊　＊　＊　＊　＊　＊　＊　＊

　①「リーディング」「リスニング」「ライティング」「スピーキング」は「読むこと」「聞くこと」「書くこと」「話すこと」であらわします. 外来語での表現は一般的ではありません.

　⑧「なら」は「といえば」ということですね. 短縮形を使ってみましょう. なお「インスタント」を訳す必要はありません. 韓国では「ラーメン」といえばインスタントだからです.

　⑩強調表現を使ってみましょう.

　⑫「思ったより」は「思いより」であらわすことができます. 「つまらなくは」の「は」を活かしましょう.

■ 第6課 ■

①それが事実じゃなければどうしようというんですか？

②これ朝鮮語で何といいますか？

③いっしょに野球を見に行ったりしましょう.

④安くておいしい中華料理屋さんどこかないですか？

⑤これがフランス料理だって？

⑥やっぱり値段が安いからなのか味が良くないです.

⑦今日が誕生日のようですね.

⑧１年生のときは自転車に乗ってかよっていました.

⑨電話番号だけ確認すればいいでしょうに.

⑩ご両親といっしょにお住まいのようですね.

⑪もう少しよく探してみなよ.

⑫韓国に留学に来ている日本人です.

＊　＊　＊　＊　＊　＊　＊　＊　＊

　④「中華料理屋さん」は「中国」＋「食堂」あるいは「中国」＋「家」であらわせます.

　⑥「安いからなのか」は直訳すると「安くてそうなのか」となります.

　⑧ふつうの過去形でも言えますが, 大過去形を使ってみましょう. 進行形にはしません.

　⑪文末は非尊敬形のヘヨ体にしてみましょう.

- 63 -

第 **7** 課　安東のバスターミナルにて　―「〜して」をあらわす２つの形―

美愛さんは安東に着きました．友人の李恩善さんと会い，ふたりで河回村行きのバスを待ちます．

美　　愛：あそこに人がいっぱい集まっているところがバス乗り場で<u>しょう❷</u>？

恩　　善：うん，<u>そうよ❷</u>．で，待っている人がほんとに多いわね．ひょっとして今日が日曜日<u>だから❼かしら❶</u>？

美　　愛：姉さん，じゃあ私たち河回村に<u>行って❸</u>まず<u>どこから❾見る</u><u>ことになるの⓯</u>？

恩　　善：実は私も河回村に行くのは初めてなの．

美　　愛：ほんと？安東に<u>住んでいながら❹</u>姉さんほんとに行ったこ<u>とないの❻</u>？

恩　　善：ああいったところはむしろあなたみたいな外国人がたくさん行ところ<u>よ❻</u>．

美　　愛：姉さん，それでバスに<u>乗る前に❽</u>あらかじめきっぷを<u>買っ</u><u>ておかないといけないの❶</u>？

恩　　善：<u>いや❻</u>．乗るとき料金を出せばいいわ．だけど次のバスが<u>来るまで❽</u>ずいぶん待たないといけないみたいだけど．そ<u>こにすわって❸待ってようよ❿</u>．

---

❶もう１つの疑問形

　前課で学んだ推量をあらわすⅠ−나 보다（Ⅰ−는가 보다），Ⅱ−ㄴ가 보다〔▷p.58〕から 보다 をはぶいた形，つまりⅠ−나（Ⅰ−는가），Ⅱ−ㄴ가 は疑問をあらわす語尾として用いられます．また答えを期待しないひとりごとのような口調で用いることもあります（日本語の「〜するかな，〜なのかな」のようなニュアンスです）．他の多くの語尾と同じく−요を加えて「ですます形」（広い意味でのヘヨ体）となり，Ⅲ−Ø に−요を加えた形（狭い意味でのヘヨ体）よりやわらかい響きをもちます（「ですます形」ではひとりごとの用法は

ありません．そもそもひとりごとに「ですます形」を用いる人はいないでしょう）．

　3つの形の使い分けの基準はⅠ－나 보다（Ⅰ－는가 보다），Ⅱ－ㄴ가 보다のそれと同じです．つまりⅠ－나（Ⅰ－는가）は動詞と存在詞に，Ⅱ－ㄴ가は形容詞と指定詞に用いられるのが原則です．ただし補助語幹Ⅲ－ㅆ－，Ⅰ－겠－がはさまる場合にⅡ－ㄴ가は用いられません．

ありますかね？

ありますかね？

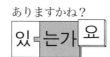

多いですかね？

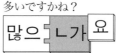

　《参考》形の上でのⅠ－는가とⅡ－ㄴ가の対応にかかわらず，実際にはⅠ－는가の別形であるⅠ－나の方が多く用いられるのも，さらにⅠ－나が形容詞に用いられないわけではないのもⅠ－는가 보다（Ⅰ－나 보다），Ⅱ－ㄴ가 보다の場合と同じです．

■**練習1**■　次の文を読み，日本語に訳してみましょう．

07 01

①어느 쪽이 더 **많은가요**?　　②다른 것은 **알아보지 않아도 되나요**?

③차로 한 시간이면 **가까운 편인가**?　　④유럽에 가 본 적이 있는 사람 **있나요**?

⑤오늘이 무슨 **요일이었나**?　　⑥혹시 제가 전에 **말씀드리지 않았었나요**?

㉠ 차	[名] 車〔バス，列車なども〕【車】
㉡ 전	[名] 前【前】

❷ 確認や同意をあらわす形

　自分の考えが正しいかどうか（状況によっては疑いつつ）相手に確かめようとしたり相手の考えに同意するなどの場合，맞다《正しい，合っている，そのとおりだ》を用いて表現することができます．終止形〔▶p.79〕では形容詞として扱われることもあります．

㉢ 맞다	[動] 正しい，合っている，そのとおりだ

■**練習2**■　次の文を読み，日本語に訳してみましょう．

07 02

①그 사람이 정말 교수님 **맞아요**?　　②확인해 보니까 7월 27일이 **맞습니다**.

③네, 그것도 **맞는** 얘기예요.　　④금요일에 수업이 없는 거 **맞지**? ―**맞아**.

❸ 「～して」をあらわす２つの形・その１

　「～して」にあたる接続形は，単なる動作の羅列にはⅠ－고，前の用言が後ろの用言の理由になる場合にはⅢ－서を用いるというのが今まで学んだルールでした．

　ところがある種の用言では，「理由」の意味でない場合にもⅢ－서が用いられます．たとえば「朝ごはんを食べて学校に行きます」と「学校に行って朝ごはんを食べます」は，「食べる」と「行く」の順序が異なるだけで，動作が「～して（から）～する」というように時間の流れにそって連続して行なわれる，という点では共通していますが，これらの日本語は，朝鮮語ではそれぞれ아침을 먹고 학교에 갑니다, 학교에 가서 아침을 먹습니다となります．つまり「食べて」が먹고であらわされるのに対して「行って」は가서であらわされるのです．

　一般的に，動作終了後の「～している」〔▷p.20〕の状態を想定できる自動詞（とりあえず日本語で考えてかまいません）は「～して」をⅢ－서であらわします．具体的には가다，오다（これらからなる合成動詞〔▷p.33〕を含む），서다，앉다などがここに含まれます．これらの動詞は位置や状態など何らかの「変化」をあらわすという意味的特徴をもち，Ⅲ－∅ 있다〔▷p.20-21〕の形をそなえているものが多いです．

■**練習３**■　次の文を読み，日本語に訳してみましょう．
　①여기 **앉아서** 애기 좀 합시다.　　②14층으로 **올라와서** 연구실을 찾는데요.
　③도서관에 **가서** 숙제하고 있었어요.　④오랜만에 **모여서** 같이 식사를 했습니다.

ㅍ **모이다**　　　　　　　　　　　　　[動] 集まる

　《**参考**》모이다には「集まっている」をあらわす모여 있다という形があります（「集まっている」は「集まる」という動作が終わったあとの状態も指しますね）．

　Ⅲ－서は前の動作が「動作終了後の「～している」の状態」を保ちつつ後ろの動作が行なわれることをあらわしています．その条件を満たさない場合，つまり２つの動作につながりが認められない場合は가다，오다などの動詞もⅢ－서ではなくⅠ－고を用います．

■**練習４**■　次の文を読み，日本語に訳してみましょう．
　①형은 매일 일곱 시에 **나가고** 동생은 여덟 시에 **나갑니다.**
　②그런데 저는 학교에 **안 가고** 집에서 쉬었습니다.

4 接続形「〜ながら」

2つの動作や状態が並行することをあらわす「〜しながら」をⅡ−면서であらわします。状況によっては逆接の「〜するのに」という意味になるのも日本語と同じです。

食べながら
먹으 면서

飲みながら
마시 면서

■練習5■　次の文を読み，日本語に訳してみましょう。

①오빠는 **일하면서** 대학교에 다녀요.　②핸드폰을 **보면서** 자전거를 타면 안 돼요.

③돈이 **있으면서** 안 내려고 해요.　　④잘 **모르면서** 왜 그런 말을 하는 거예요?

5 「〜くなる，〜するよう／〜することになる」

おもに形容詞を副詞にするⅠ−게〔▶p.150〕は動詞などに用いられることがあり，その場合「〜するように」と訳せることが多いです。また되다《なる》と組み合わせてⅠ−게되다とすると「〜くなる（おもに形容詞），〜するよう／〜することになる（おもに動詞）」という意味をもちます。日本語と同じく遠回しな言い方としても用いられます。

遊ぶようになる
놀 게 되 다

会うようになる
만나 게 되 다

■練習6■　次の文を読み，日本語に訳してみましょう。

①미리 예약을 하지 않으면 많이 **기다리게 됩니다.**

②우리 대학교는 3년 전부터 9월에 **입학할 수 있게 되어 있습니다.**

③아이도 잘 **알게** 설명해 주세요.　　④은선 씨에게는 정말 **죄송하게 되었습니다.**

| ㅋ | 미리 | [副] あらかじめ，前もって |
| ㅌ | 은선 | [名] 恩善【恩善】〔韓国人女性の名〕|

《参考》Ⅰ−게 되다が形容詞に用いられた「〜くなる」はⅢ−지다〔▷p.42〕と似た意味をもちますが，前者は何らかの契機によって変化がいちどに起こるような感じがします。一方前者はその変化が自然にだんだんと起こる感じがします。

6 指定詞の第Ⅲ語基のまとめ

　−이다のハムニダ体過去平叙形には−였습니다のほかに−이었습니다という形があります〔▶p.96〕（第Ⅲ語基に−여のほか−이어があるわけです）．第Ⅰ語基が ｜ で終わる母音語幹用言−이다の第Ⅲ語基は−여のように縮まるのが原則ですが〔▶p.95〕，連音する場合は語幹이を変形できないため，終声字のある単語の後ろでは縮まらずに−이어となるのです〔▶p.96〕．ヘヨ体とパンマルでも−였어요と−이었어요，−였어と−이었어のように終声字のない単語の後ろと終声字のある単語の後ろとでは形が異なります．

　ヘヨ体とパンマルの現在形は，終声字のある単語の後ろでは−이에요と−이야，終声字のない単語の後ろでは−예요と−야となります〔▶p.144〕．文体の違いと終声字の有無によってこのように形が替わるので，−이다の第Ⅲ語基には−여，−이어のほかに−예，−이에（ヘヨ体現在形）−야，−이야（パンマル現在形）があることになります．

> 《参考》이は終声字のある単語の後ろに置かれてその終声を響かせるために挟む一種の緩衝材なので，必要なければ（＝連音しなければ）語幹であるにも関わらず多くの場合脱落してしまうのです．これらのルールは以下のようにまとめることができるでしょう．
> ・이が連音する ☞ 이の変形，脱落が不可能
> 　・−이어（−여にならない． ｜ で終わる母音語幹用言の第Ⅲ語基のルールの例外．）
> 　・−이에요，−이야（変則的な形．現在形にのみあらわれる．）
> ・이が連音しない ☞ 이の変形，脱落が可能
> 　・−이어☞−여（ ｜ で終わる母音語幹用言の第Ⅲ語基のルールどおり．）
> 　・−이에요，−이야☞−예요，−야（이は脱落する．−예요は−에요と書けばよさそうですが，이と에が縮まったとみなして−예요と書くのが「事実上の標準」となっています．実際の発音は/에요/なので−에요と書く人もいます．）

　なお아니다の第Ⅲ語基は아녀ではなく아니어が標準的な形です〔▶p.105〕．ヘヨ体とパンマルの現在形はそれぞれ아니에요と아니야です〔▶p.144〕．

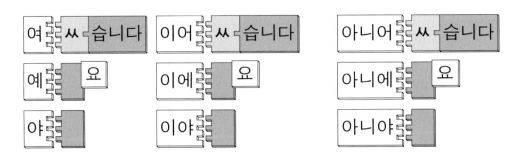

■**練習7**■ 次の文を読み，日本語に訳してみましょう．またヘヨ体，さらにパンマルにも替えてみましょう．

①표 사는 곳은 왼쪽**입니까?** — **아닙니다.** 오른쪽**입니다.**

②오후 네 시부터는 무료**입니다.**   ③처음에는 그냥 친구**였습니다.**

④한국에 가는 건 처음**이었습니다.**   ⑤혹시 화요일이 쉬는 날 **아니었습니까?**

《**参考**》아니다は英語 be not にあたる形なので아닙니다，아니에요，아니야のような言い方は指定詞を用いた疑問文への答えに用いられるのが原則です．아니요は英語 no にあたる形なのでこのような制約はありません．이거예요?《これですか》への答えには아니요と아니에요の両者が可能ですが먹어요?《食べますか》には아니요のみが可能ということです．

なお아니다は −가/−이《〜が》と組み合わせて用いますが，実際には −가/−이 の省略が可能です〔▶p.104〕．このような助詞の省略は話しことばでよく起こります．

---

7 指定詞の第Ⅲ語基のもう１つの形

指定詞をⅢ−서，Ⅲ−도，Ⅲ−야などの接続形語尾と組み合わせる場合に，第Ⅲ語基が −여と−이어ではなく，−라と−이라が用いられることがあります（もちろん −이라が終声のある単語の後ろで用いられる形です）．−라と−이라の方がむしろふつうに用いられ，−여と−이어を用いると固い感じがします．

《**参考**》−라と−이라は補助語幹Ⅲ−ㅆ−の前には用いられません．またヘヨ体，パンマル現在形の第Ⅲ語基−여と−이에，−야と−이야のかわりに用いられることもありません．

■**練習8**■ 次の文を読み，日本語に訳してみましょう．

①유학생**이라야** 갈 수 있는 겁니까?   ②유학생이 **아니라도** 같이 갈 수 있습니다.

③진짜 나 같은 사람**이라도** 괜찮아요? ④그러면 우리 저녁**이라도** 먹으러 나갈까요?

⑤내일은 일요일**이라서** 표를 미리 사 놓아야 될 것 같아요.

囲 **진짜**   [名] ほんと，ほんとに【真・】〔話しことば〕

8 用言の体言形を用いた表現・その1

用言の体言形Ⅰ－기〔▷p.46-47〕と전《前》とを組み合わせて「〜する前」という表現ができます．助詞－에を続けてⅠ－기 전에 という形で用いられることが多いです．また「〜するまで」もⅠ－기を用いてⅠ－기까지のようにあらわすことができます．

> 《参考》－까지 の前に体言形Ⅰ－기 が用いられるのは，助詞は原則的には体言のあとにつくからです〔▷p.51〕．

■練習9■ 次の文を読み，日本語に訳してみましょう．
① **타시기 전에** 표를 구입해 주세요.　② **주무시기 전에** 이 음악 좀 들어 보세요.
③ 다음 차가 **오기까지** 좀 기다립시다.　④ 교실을 **나오기 전에** 에어컨 꺼 놓았어요?

9 助詞「〜から」の用法

「〜から」にあたる助詞は空間の場合－에서，時間の場合－부터 を用いると学びましたが〔▶p.89〕，実際には空間の場合でも－부터を用いることがあります． 「まずデパートから行きましょう」などの場合がそれで，「〜まで」と対応するのではなく，時間的な順序の起点だと解釈されるからです．

■練習10■ 次の文を読み，日本語に訳してみましょう．
① 먼저 **백화점부터** 갑시다.　　　② 그럼 **이 도서관부터** 소개해 드리겠습니다.
③ 안동에 가면 먼저 **하회 마을부터** 구경하기로 합시다.
④ 오히려 **너부터** 먼저 얘기해야 되는 거 아니야?

㉠ 오히려	[副] むしろ
㉠ 너	[代] あなた，おまえ〔나に対応する二人称〕

10 勧誘形「〜しよう」

狭い意味でのパンマルⅢ－Ø は平叙／疑問／勧誘／命令をイントネーションとその場の状況で区別しますが，これとは別に勧誘をあらわすいわゆるタメグチの語尾があり，Ⅰ－자であらわします．ほかに平叙／疑問／命令の語尾もあり，次課以降で学びます．

　これらは −요を加えて「ですます形」にすることができないいわばタメグチ専用の語尾です（そのため広い意味でのパンマル〔▶p.152〕ともみなしません）．その点が本課で学んだⅠ−나（Ⅰ−는가），Ⅱ−ㄴ가とは異なります．

遊ぼう

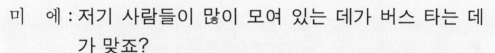
놀 -자　　　　　　　　　　만나 -자

会おう

■**練習11**■ 次の文を読み，日本語に訳してみましょう．

①우리 카페에 가서 좀 **쉬자**.　　②늦었으니까 택시 타고 **가자**.

③아침에는 빵 말고 밥을 **먹자**.　　④비가 많이 오니까 **나가지 말자**.

미　에 : 저기 사람들이 많이 모여 있는 데가 버스 타는 데가 맞죠?

은　선 : 그래 맞아. 근데 기다리는 사람이 진짜 많네. 혹시 오늘이 일요일이라서 그런가?

미　에 : 언니 그럼 우리 하회 마을에 가서 먼저 어디부터 보게 되나요?

은　선 : 사실은 나도 하회 마을에 가는 건 처음이거든.

미　에 : 진짜요? 안동에 살면서 언니 진짜 가 본 적이 없는 거예요?

은　선 : 그런 데는 오히려 너 같은 외국 사람이 많이 가는 데야.

미　에 : 언니 근데 버스를 타기 전에 미리 표를 사 놓아야 되는 건가요?

은　선 : 아니야. 탈 때 요금을 내면 돼. 근데 다음 차가 오기까지 많이 기다려야 될 것 같은데. 거기 앉아서 기다리자.

第8課　河回村の入口にて・1　―間接話法―

河回村に着いたふたりは村に入る前に買ってきたのり巻きを食べます.

恩　善：まずはあっちに行ってきっぷを買わなきゃならないみたい.
　　　　１枚❸いくらかな？ 私が買ってくる❶からちょっと待ってて.

美　愛：私が買ってくるわ❶. 姉さんはここで待っててよ.

恩　善：そう. じゃああなたが買ってきて❶❻. それから案内冊子み
　　　　たいなのないかって❺❽聞いてみてちょうだい.

美　愛：あったらもらってきてって❶❻❽? 聞いてみるわね.

　　　　　　　＊　　　＊　　　＊　　　＊

美　愛：姉さん, それで私が朝ごはん抜いてておなかすいてるの.

恩　善：実は私もそう. それでのり巻き買ってきたの❶.

美　愛：のり巻きを作ってきただって❶❼❽?

恩　善：作ってきた❶んじゃなくて❷買ってきたんだってば❶❼❽.
　　　　あなたの❹もあるからいっしょに食べよう.

美　愛：ほんと？ じゃあ早く食べよう. おなかすいて死にそう❿❶❶.

恩　善：こういうとき朝鮮語で何て言うのか知ってる❺?

美　愛：金剛山も食後の見物でしょう？ 姉さんが以前教えてくれた
　　　　じゃない❾.

---

❶ 合成動詞「～していく」と「～してくる」

　方向をあらわす動詞の第Ⅲ語基と 가다, 오다 を組み合わせて作られた合成動詞「～して
いく」と「～してくる」について学びました〔▷p.33〕. たとえば「入っていく」は「入
る」と「いく」,「出てくる」は「出る」と「くる」という２つの動作がいわば同時並行
的に行なわれることをあらわしているといえます.

　一方で, ある動作が終わってから「いく」や「くる」が続いて「～していく」や「～して
くる」となる場合があります. その場合, たとえば「食べていく」は 먹고 가다 といえばよ

いのですが，前の動詞に第Ⅲ語基を用いて，가다，오다と組み合わせた合成動詞であらわす場合があります．「受け取ってくる」は받고 오다ではなく받아오다といいます．

　「受け取ってくる」は「受け取って（それを持って）くる」と解釈されます．このように前の動作で生じた目的語を携えて「いく」や「くる」という動作が行なわれる場合，前の動詞に第Ⅲ語基を用いて合成動詞となることが多いです．

食べていく
먹 고 가 다

受け取ってくる
받아 오 다 ☞ 받아오 다

⑦	김	[名] のり
④	김밥 /김빱/	[名] のり巻き
⑨	싸다	[動] 包む，（弁当などを）作る

■練習1■　次の文を読み，日本語に訳してみましょう．
　①점심은 집에서 김밥을 **싸왔어요**.　②여기서 미국 돈으로 **바꿔가는** 게 좋아요.
　③들은 얘기는 다 여기다 **적어왔어요**.　④서점에 가서 다 읽은 책을 **팔고 왔습니다**.

■練習2■　次の文を朝鮮語で書いてみましょう．
　①荷物は部屋に**置いてきました**.　②デパートでセーターを**買ってきました**.
　③コーヒーでも**飲んでいこう**.　④これが私が河回村で**撮ってきた**写真です.

② 指定詞の否定形を用いた接続形

　指定詞아니다を用いて「〜ではなく」という意味をあらわすには，Ⅰ－고を用いて아니고とする以外に，前課で学んだ아니다の第Ⅲ語基の別形아니라〔▷p.69〕をそのままで（正確にはⅢ－Øの形で）用いる方法があります．

■練習3■　次の文を読み，日本語に訳してみましょう．
　①11월이 **아니라** 12월이었구나.　②내가 먹은 게 **아니라** 오빠가 먹은 거예요.

　《参考》이것도 아니고 저것도 아니다《これでもなくあれでもない》のように否定が重なる場合は아니라は用いられにくいようです.

❸ 価格などをあらわす助詞「〜で」

「2つで千円」や「千円で買う」などというときの「〜で」を朝鮮語では－에であらわします．－로/－으로ではありませんので気をつけてください

■**練習4**■　次の文を読み，日本語に訳してみましょう．

　①엽서 한 장에 얼마예요?　　　　②갈아타지 않아도 한 번에 갈 수 있거든요.
　③이거 얼마에 샀어요? —8만 원에 샀습니다.

ㅋ 장	[名] 〜枚【張】

❹ 「〜のもの」と濃音化

「〜のもの」は名詞に 것 を続けてあらわしますが，2つの名詞が重なって「〜の〜」という意味になるため，것 は（もちろん話しことば 거 も）濃音で発音します〔▷p.61〕．

《参考》1人称代名詞 저, 나 を用いて「私のもの」という場合，所有格 제, 내 の後ろに 것 を続けて 제 것, 내 것 といいます．また2人称代名詞 너 にも 네 という「所有格」があり，것 の前ではこれを用います（「所有格」はすべて「主格」の右に ㅣ を加えて作ります）．「〜が」の場合に 너가 ではなく 네가 となるのも 제가, 내가 の場合と同じです．내 と 네 が同じ発音になってしまうので，네 はふつう /니/ と発音されます（こう書かれることもあります）．

ㅌ 너	[代] あなた，おまえ〈既習〉
ㅍ 네 /니/	[代] あなたの，おまえの
ㅎ 네가 /니가/	[代+助] あなたが，おまえが

■**練習5**■　次の文を読み，日本語に訳してみましょう．

　①이 바지는 내 **거** 아니라 언니 **거**야.　②네가 네 **거** 팔면 안 되나? 뭐가 문젠데?
　③노래 이름이 "넌 내 **거**야"가 맞죠?　④그 노래는 한국 **거** 아니라 일본 **거**예요.

❺ 疑問形「〜するのか」

朝鮮語にはいくつもの種類の疑問形語尾があります．タメグチの疑問形語尾Ⅰ－나（Ⅰ－

는가), Ⅱ－ㄴ가〔▷p.64-65〕を前課で学びましたが，ここで学ぶⅠ－냐はやはり前課で学んだⅠ－쟈《〜しよう》〔▷p.70-71〕と同じく，いわばタメグチ専用の語尾です．つまり後ろに－요を加えて「ですます形」にすることができません．Ⅰ－냐（Ⅰ－는가），Ⅱ－ㄴ가やⅢ－Øよりもさらにぞんざいな感じがします．

《参考》書きことばではⅠ－느냐とⅡ－냐が用いられることがあります．前者が動詞と存在詞，後者が形容詞，指定詞につく形です．ただし形容詞，指定詞でも補助語幹Ⅲ－ㅆ－，Ⅰ－겠－をはさむ場合はⅠ－느냐が用いられます．これはⅠ－는데とⅡ－ㄴ데，Ⅰ－는지とⅡ－ㄴ지などの関係と同じです〔▷p.28-29〕．

食べるのか？   飲むのか？

■**練習6**■ 次の文を読み，日本語に訳してみましょう．

①너 정말 **죽고 싶냐?**   ②언제까지 여기서 **기다려야 되냐?**

③오늘도 또 아침 **굶었냐?**   ④수요일에도 시험이 있는 거 **모르냐?**

ㅋ 죽다	[動] 死ぬ
ㅋ 굶다 /굼따/	[動] 食事を抜く，飢える

❻ 命令形「〜しろ，〜せよ」

「〜しろ」をあらわす命令形語尾にⅢ－라という形があります．タメグチ専用の語尾なので－요を加えることはできません．またⅡ－라という形が別にあり，いかめしい命令形としてスローガンなどに用いられます．日本語の「〜せよ」に相当します．

しろ   せよ   見ろ   見よ

해 라   하 라   봐 라   보 라

■**練習7**■ 次の文を読み，日本語に訳してみましょう．

①편의점 가서 도시락 **사와라.**   ②아버지 주무시니까 라디오 좀 **꺼라.**

③여기 앉아서 내 말 잘 **들어 봐라.**   ④**오라!** 우리 한국 외국어 대학교로!

7 平叙形「〜する，〜である」

　タメグチ専用の語尾は，疑問／勧誘／命令以外に平叙をあらわす形ももちろんあり，基本形（原形）語尾，Ⅰ-다をそのまま用います．ただし**Ⅲ-ㅆ-，Ⅰ-겠-を挟まないで用いられる動詞にはⅠ-다を用いることはできません**．このことは次課で学びます．

■**練習8**■　次の文を読み，日本語に訳してみましょう．

　①집 앞에 버스 정류장이 **있다.** 　②서울말은 부산말보다 평양말에 **가깝다.**

　③나는 아직 **죽고 싶지 않다.** 　④박준호 선생님이 중국어도 **가르쳐 주셨다.**

ㅂ 가르치다　　　　　　　　　[動] 教える

8 間接話法（引用形）・その1

　たとえば「〜しようという」のようないわゆる間接話法（引用形）の「〜と」を朝鮮語では-고であらわします．「〜しよう」には勧誘形Ⅰ-자〔▷p.70-71〕を用い，「いう」は-이라고 하다と同じく하다であらわすので，全体でⅠ-자고 하다となります．

　同じく「〜するという」には平叙形はⅠ-다，「〜するのかという」には疑問形Ⅰ-냐を用いてⅠ-다고 하다，Ⅰ-냐고 하다とします．「〜しろという」は注意が必要で，間接話法では命令形はⅢ-라ではなくⅡ-라を用いてⅡ-라고 하다とします（この場合Ⅱ-라고 하다に「いかめしさ」はありません）．

　これら-고 하다は-고の後ろに助詞を追加したり-고と 하다の間に別の単語を挟むこともできます．また-고の次に하다以外の用言が用いられることもあります．

　なお「〜という」は状況によって「〜そうだ」という意味にもなります．

　　《参考》英語にたとえるとⅠ-다，Ⅰ-냐，Ⅰ-자，Ⅱ-라が*that*節，-고が*that*，-고の
　　後ろに続く하다などの用言が主節にそれぞれ相当するといえるでしょう．

■**練習9**■　次の文を読み，日本語に訳してみましょう．

　①그 영화 아주 **재미있다고 하는데** 저는 아직 못 봤어요.

　②시험은 **어렵지 않다고 합니다.** 　③꼭 **그렇다고는 할 수 없는 것** 같은데요.

　④무슨 일**이냐고** 묻고 있는 거야. 　⑤음료수라도 **마시자고** 누나가 말했습니다.

　⑥월요일 오전 10시에 대학 도서관 앞에 **모이라고** 선생님이 말씀하셨어요.

　これらの形はII－려고 하다や－라고 하다/－이라고 하다と同じく，고 하を省略してその前後を直結することが可能です〔▷p.49-50〕．命令形の形の交替に注意しましょう．

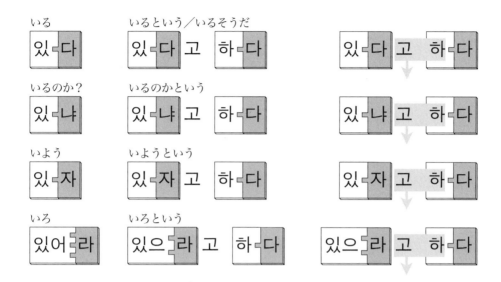

■**練習10**■ 次の文を読み，日本語に訳してみましょう．非短縮形にも戻してみましょう．

① 무엇이 그렇게 **바쁘답니까?**　　② 왜 한국말을 배우**냐는** 질문이 많아요.

③ 기차보다 버스가 더 **편리하답니다.**　④ 모르는 아줌마가 같이 **가자는데** 어떡하지?

⑤ 이제 배가 부르지만 **먹으라면** 더 먹을 수 있어요.

　I－다고 하다，I－냐고 하다，I－자고 하다，II－라고 하다はII－려고 하다，－라고 하다/－이라고 하다と同じく後ろに続く 하다の省略が可能です〔▷p.49，p.57〕．たとえば언제 왔냐고は「いつ来たか（と聞いているんだよ）」，어제 왔다고は「昨日来た（と言ってるんだよ）」という意味をあらわします（日本語の「〜だってば」に似ています）．文末を上げて発音すると疑問文になります（日本語の「〜だって？」に似ています）．

　これら 하다省略形は，聞き手に言いたい内容が伝わらなかったなどで話し手が発言を繰り返す場合などに用います．話し手が自分自身の発言を「引用」していると解釈できる一種の強調表現です．－요を加えることで「ですます形」として用いることもできます．

■**練習11**■ 次の文を読み，日本語に訳してみましょう．

① 어느 나라 요리 **먹고 싶냐고.**　　② 러시아 요리 **먹고 싶다고?**

③ 어느 나라 요리 **먹고 싶냐고?**　　④ 베트남 요리 **먹고 싶다고.**

⑤ 화장실이 어디 **있냐고!**　　　　⑥ 여기서 저 혼자 **기다리라고요?**

⑨ 否定形の反語的用法

　長い否定形〔▶p.109〕Ⅰ－지 않다は，すでにいくつか例を見たとおり，疑問文においていわゆる反語として用いられることがあります．たとえば하지 않습니까は「しませんか」のほか「するではありませんか」の意味でも，その過去形하지 않았습니까は「しなかったですか」のほか「したではありませんか」の意味でも用いられるわけです．

　反語では補助語幹をⅠ－지の前において하시지 않습니까，했지 않습니까のように言うことが可能で，むしろこちらが多く用いられます．また反語ではⅠ－지 않다は多くⅠ－잖다のように縮めて発音されます．そしてこのように書くのがふつうです．

■**練習12**■ 次の文を読み，日本語に訳してみましょう．
　①웃으면 안 돼! ―너도 **웃잖아**.　②그러시면 오히려 제가 **죄송하잖아요**.
　③왜 늦었어? 빨리 오라고 **했잖아**.　④금강산도 식후경이라고 **하잖습니까**.

| サ | 금강산 | [名] 金剛山【金剛山】〔北朝鮮の名山〕 |
| シ | 식후경 | [名] 食後の見物【食後景】 |

　《**参考**》금강산도 식후경は「美しい金剛山もまず食事をしてから見物をする」という意味
　で，日本語の「花より団子」あるいは「腹がへっては戦はできぬ」に相当することわざです．

⑩ 「～しそうだ」

　補助語幹Ⅰ－겠－は意思〔▶p.114-115〕，推量〔▶p.127〕，ていねいさ〔▶p.157〕などの意味がありますが，推量には，日本語でもそうですが，「～するようだ」のほかに「～しそうだ」という意味があり，後者からは事態が切迫していることが感じられます．後者の意味での推量もⅠ－겠－はあらわすことができます．

　《**参考**》Ⅱ－ㄹ 것 같다〔▶p.158〕も同じような意味をあらわしますが，Ⅰ－겠－の方がより強い切迫感があります．Ⅰ－겠－とⅡ－ㄹ 것이다の違い〔▷p.39〕と似ています．

■**練習13**■ 次の文を読み，日本語に訳してみましょう．
　①너무 추워서 감기 **걸리겠어요**.　②할 일이 많아서 저녁까지 **굶겠네**.
　③이거 너무 커서 한 개만 먹어도 배 **부르겠어요**.

⓫「～でたまらない」

　形容詞と組み合わせて「～でたまらない」をあらわすⅢ－∅ 죽겠다 という形がありま
す．このⅠ－겠－ は前項で学んだ用法で，直訳すると「～で死にそうだ」という意味です．

■**練習14**■ 次の文を読み，日本語に訳してみましょう．

①오빠 **보고 싶어 죽겠어**!　　　②공부하는 게 **힘들어 죽겠어요**.

③빨리 먹고 싶어. 배 **고파 죽겠어**.　　④에어컨이 없어서 **더워 죽겠어요**!

　《**参考**》만나다《会う》のほか 보다《見る》も「会う」の意味で用います．만나다はお互
の対等な形での行動をあらわすのに用い，보다は相手の意思とは無関係な行動をあらわすのに
用いることが多いようです．

은　선 : 먼저 저쪽에 가서 표를 사야 되나 본데. 한 장에 얼
　　　　마지? 내가 사올 테니까 좀 기다려.

미　에 : 제가 사올게요. 언니는 여기서 기다리세요.

은　선 : 그래. 그럼 네가 사와라. 그리고 안내 책자 같은 거
　　　　없냐고 물어 봐 줘.

미　에 : 있으면 받아오라고요? 물어 볼게요.

　　　　　　＊　　＊　　＊　　＊

미　에 : 언니 근데 제가 아침을 굶어서 배 고파요.

은　선 : 사실은 나도 그래. 그래서 김밥 사왔어.

미　에 : 김밥을 싸오셨다고요?

은　선 : 싸온 게 아니라 사왔다고. 네 것도 있으니까 같이
　　　　먹자.

미　에 : 진짜요? 그럼 빨리 먹어요. 배 고파 죽겠어요.

은　선 : 이럴 때 한국말로 뭐라고 하는지 아나?

미　에 : 금강산도 식후경이죠? 언니가 전에 가르쳐 줬잖
　　　　아요.

第**9**課　河回村の入口にて・2　―ハンダ体と間接話法―

ふたりはもらった案内冊子を読んで村に入ります.

恩　善：あそこに見える❻建物が博物館だけど寄ってみようか？

美　愛：私たちまっすぐ村に入るのがいいと思うけど．あとで時間
　　　　が余ったら見物してみることにしましょうよ❽.

恩　善：そう，それがいいわよね❽．まっすぐ入ることにしよう.

美　愛：姉さん，で，この村の❼歴史はどうなってるの？

恩　善：知らないわよ❽．私も初めて来たっていったじゃない．案内
　　　　冊子もらったのちょっと見せて❻．読んでみよう.
　　　　　　　＊　　　＊　　　＊　　　＊
　　　　河回村の❼歴史は今から六百年前に柳氏一族がこの地に住
　　　　み始めた❶❹❻ところから❾始まる❶❻.
　　　　河回という❶❷名は韓国でもっとも大きい川である洛東江が
　　　　村を回りながら流れるという❶❷❸意味からつけられたとい
　　　　う❶❷❻.
　　　　この村には今も柳氏一族が集まって住んでいる❶❸.
　　　　村には李朝時代の建物が多く残っており❺，2010年には世
　　　　界文化遺産に指定された❶❻.

---

❶ ハンダ体

　タメグチ専用の平叙形語尾は基本形（原形）語尾にＩ－다をそのまま用いる，ただし動詞がⅢ－ㅆ－，Ⅰ－겠－を挟まず用いられる場合にはそれができないということを前課で学びました〔▷p.76〕.

　これらの場合，子音語幹用言ではＩ－는다，母音語幹用言とリウル語幹用言ではＩ－ㄴ다が用いられます．つまり먹다《食べる》，하다《する》，팔다《売る》はそれぞれ먹는다，한다，판다となります（リウル語幹用言ではリウルが落ちます）．これらの形を한다

で代表させて**ハンダ体**と呼びます.

　ハンダ体とは日本語の「だ，である形」にあたる形で，新聞や書籍などの書きことばに用いられるほか，パンマルと同じくぞんざいな話しことばとしても用いられます.

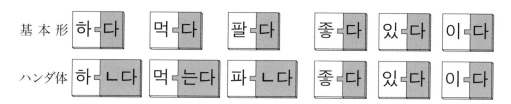

　形容詞や存在詞，指定詞はⅠ－는다，Ⅰ－ㄴ다と組み合わせることはできません. 좋다《良い》，있다《ある，いる》，－이다《～だ，～である》は基本形のままハンダ体として用いられます（基本形としてのⅠ－다とハンダ体としてのⅠ－다があり，基本形とハンダ体が同形だと考えることができます）. つまり 좋다, 있다, －이다は 한다, 먹는다, 판다とともに**ハンダ体でもある**わけです. なお動詞でもⅢ－ㅆ－，Ⅰ－겠－を挟む場合はⅠ－는다，Ⅰ－ㄴ다ではなくⅠ－다を用いますが〔▷p.76〕，それらもハンダ体に含まれます.

　なお，Ⅱ－ㅂ니다のほかⅠ－습니까，Ⅱ－ㅂ시다，Ⅱ－ㅂ시오などをあわせてハムニダ体と呼ぶのと同じく，ハンダ体とはⅠ－냐，Ⅰ－자，Ⅲ－라などを含む呼び名です.

■**練習1**■　次の文を朝鮮語で書いてみましょう（ハンダ体で書きましょう）.

①土曜日には学校に**行かない**. 　　②弟も1月から朝鮮語の勉強を**始める**.
③韓国に留学する学生は**多くない**. 　④大学院では英語の本もたくさん**読む**.
⑤人は本を作り本は人を**作る**. 　　　⑥外国でいちど**暮らして**みたいといっている.
⑦毎日教室にひとり残って**勉強する**. ⑧上の姉も下の姉も**結婚している**そうだ.
⑨洛東江は韓国でもっとも大きな川**である**. 河回村を回りながら**流れる**.

㉠ 시작하다	[動] 始める【始作‥】［하不規則］
㉡ 남다 /남따/	[動] 残る，余る
㉢ 낙동강	[名] 洛東江【洛東江】〔韓国の川の名〕
㉣ 강	[名] 川【江】
㉤ 돌다	[動] 回る
㉥ 흐르다	[動] 流れる［르不規則］

❷ 間接話法（引用形）・その２

間接話法において引用される平叙形がⅢ－ㅆ－，Ⅰ－겠－を挟まない動詞である場合はⅠ－는다，Ⅰ－ㄴ다のあとに－고を続けます．つまり引用される形にはその種類（平叙／疑問／勧誘／命令）を問わず前項で学んだハンダ体が用いられるのです．

Ⅰ－는다고 하다，Ⅰ－ㄴ다고 하다に고 하を省略した短縮形があること，また後半の하다を省略した形があるのも前課で学んだ他の場合とまったく同じです〔▷p.76-77〕．

■練習２■ 次の文を朝鮮語で書いてみましょう（①②はハンダ体で書きましょう）.
①豚肉は**食べない**といっている.　②今はひとりで**暮らしている**そうだ.
③授業は月曜日から**始める**そうです.　④お金は誰が**出す**といっていましたか？

指定詞－이다，아니다は基本形のままでハンダ体となりますが，平叙形として引用される場合，語尾はⅠ－라（命令形語尾Ⅱ－라，Ⅲ－라〔▷p.75〕とは無関係です），つまりⅠ－라고 하다となります．「～という」をあらわす－라고 하다／－이라고 하다とは実はこの形なのです．ただし指定詞がⅢ－ㅆ－，Ⅰ－겠－を挟む場合はⅠ－다を用います．

■練習３■ 次の文を朝鮮語で書いてみましょう.
①あれは李朝時代の建物だそうです.　②その学生は留学生では**ない**そうですけど.
③北海道と沖縄はもともと日本の土地では**なかった**そうですね？

㋖ 조선	[名] 朝鮮, 李氏朝鮮, 李朝【朝鮮】
㋗ 시대	[名] 時代【時代】
㋘ 땅	[名] 地面, 土地

❸ 第Ⅲ語基と合成動詞

日本語では２つの動詞を組み合わせて「食べ尽くす，かき集める，読み取る」のような合成動詞を作ることができますが，朝鮮語にも合成動詞が存在します．日本語では前半の動詞を連用形にすることが多いですが，朝鮮語では多くの場合前半の動詞にⅢ－ Øを用います．

《参考》갈아타다《乗り換える》や알아보다《調べる》，そして「～していく／～してくる」をあらわす動詞〔▷p.33, p.72-73〕なども合成動詞です.

■**練習4**■　次の文を読み，日本語に訳してみましょう.

①시간은 강물처럼 **흘러갑니다.**　②지금 **갈아입고 있으니까** 기다려 주세요.

③손이 **부어올라서** 아파 죽겠어요.　④고향에 사는 친구가 **보내온** 선물입니다.

⑤우리 마을에서는 많은 사람들이 **굶어죽었다.** 나 혼자만이 **살아남은 것이다.**

---

❹「～しはじめる」

「～しはじめる」は朝鮮語では「～すること (を) 始める」つまり動詞をいったん体言形にして表現します. 体言形にはⅠ－기〔▷p.46–47〕を用います.

食べはじめる

読みはじめる

■**練習5**■　次の文を読み，日本語に訳してみましょう.

①5시가 되면 라디오에서 그 노래가 **흐르기 시작한다.**

②그 직원 분이 도와 주셔서 모든 일이 잘 **돌아가기 시작했다.**

③아버지 유산으로 바로 그 땅을 **사기 시작했습니다.**

ㅁ 유산	[名] 遺産【遺産】
ㅂ 바로	[副] すぐ, まっすぐ, まさに, 正しく

---

❺ 書きことばでの接続形「～し」

書きことばではⅢ－서のかわりにⅢ－Øが用いられることがあります. この形は「～してみる」や「～しておく」などに用いられるⅢ－Øと同じものです.

■**練習6**■　次の文を読み，日本語に訳してみましょう.

①주소를 **몰라** 짐을 보내지 못했다.　②버스 시간에 **늦어** 택시를 타야 했다.

③책을 **사와** 바로 읽기 시작했다.　④의자에 **앉아** 친구가 오기를 기다렸다.

⑤평일**이라** 손님이 많지 않은 것 같다.　⑥값이 너무 **비쌀 것 같아** 사지 않기로 했다.

《**参考**》日本語の「～し」と似ています. Ⅲ－서は理由〔▶p.131〕のほか，変化をあらわす動詞に用いられますが〔▷p.66〕，Ⅲ－Øはいずれの意味のⅢ－서とも置き換えられます.

❻ 態と受身形

「～する」に対する「～される」や「～させる」，つまり受身形や使役形（用言に関して
動作を行なう者と動作を受ける者の関係を態と呼びます）は日本語とは異なり朝鮮語では
機械的に作ることができません．まずは受身形を中心にいくつかの方法を説明します．

A 第Ⅰ語基に－이－，－히－，－리－，－기－のいずれかをつけて受身あるいは使役をあ
らわすことができます．どれをつけるかは動詞によって決まっていて，勝手につけることは
できません．動詞によっては受身，使役というより自動詞と他動詞の対応といった方がよい
ものもあります．その一端を以下に示します．これらはひとつずつ覚えるしかありません．

ㅅ	쓰이다	[動] 用いられる
ㅈ	놓이다 /노이다/	[動] 置かれる
ㅌ	먹이다	[動] 食べさせる
ㅍ	보이다	[動] 見える；見せる
ㅎ	읽히다 /일키다/	[動] 読まれる；読ませる
ㅊ	잡히다	[動] 取られる，つかまる
ㅉ	살리다	[動] 活かす，助ける
ㅋ	알리다	[動] 知られる；知らせる，教える
ㅏ	팔리다	[動] 売れる
ㅑ	올리다	[動] 上げる
ㅡ	들리다	[動] 聞こえる；聞かせる
ㅟ	남기다	[動] 残す，余らせる
ㅢ	웃기다	[動] 笑わせる

《参考》ル不規則用言では副詞を作るときと同じく第Ⅲ語基から最後の文字を除いた形に
－리－がつきます〔▷p.44〕．ティグッ不規則用言でも同じです．
なおㅎを含む「二重子音字＋初声字」は激音化により残った子音も発音されるため읽히다

《読まれる》は/일키다/と発音されますが〔▶p.108〕，これは用言の内部でのみ起きる現象
で，同じ子音字の組み合わせでも닭하고《鶏と》は/다카고/と発音します〔▶p.64, p.85〕.

　⬛B 動詞を作るⅢ-지다〔▷p.42〕を動詞につけることによって，たとえば「作る」に対
する「作られる」のような受身を作れるものがあります.

　⬛C 「名詞＋하다」からなる動詞の中には「名詞＋되다」で受身の意味をもつものがあり
ます〔▷p.26〕. ただし「〜される」という明確な受身とは限らず，「(自然に) そのよう
な状態になる」のような意味，あるいは「可能になる，できる」のような意味になること
もあります. 朝鮮語では自動詞と受身，他動詞と使役の区別が明確でないことが多いです.

■**練習7**■　次の文を読み，日本語に訳してみましょう.　

①저도 알고 싶어요. **알려 주세요.**　②여보세요? 전화가 잘 **안 들리는데요.**

③**안 보이는데요.** 잘 **보여 주세요.**　④이 단어는 지금은 잘 **쓰이지 않는다.**

⑤음식을 **남기는 것은** 좋지 않아요.　⑥그 사람이 영어 가르친다고? 진짜 **웃기네.**

⑦죄송한데 짐 좀 **올려 주시겠어요?**　⑧책상 위에 **놓여 있는** 가방이 누구 겁니까?

⑨컵라면은 다 **팔려 버렸습니다.**　⑩우리 반 선생님이 **잡혔답니다.**

⑪에어컨이 **꺼져 있네요.** 켜 주세요.　⑫조선 시대에 **지어진** 건물도 남아 있다.

⑬유씨 가문은 일본에서도 그 이름이 잘 **알려져 있습니다.**

⑭학교에서 **지정된** 수업을 듣는 학생 모두에게 십만 원이 **주어진다고** 들었다.

⑮그 지방에서는 고등학교 때까지 교과서가 무료로 **제공된다고 한다.**

⑯내일부터 **시작될** 시험이 정말 **걱정되는데요.**

㉣ 유씨	[名] 柳氏【柳氏】〔朝鮮の姓〕
㉤ 가문	[名] 一族【家門】
㉥ 지정	[名] 指定【指定】
㉦ 시작되다	[動] 始まる【始作・・】

　《**参考**》使役形にさらにⅢ-지다がつく알려지다《知られる》のような例もあります.

7 助詞「〜の」

「〜の」にあたる助詞は朝鮮語にもあるが日本語ほどは用いず，多くの場合名詞を並べることであらわすことができると学びました〔▶p.30〕．ただし特に書きことばで「〜の」が用いられることがあり，－의であらわします（通常は/에/と発音されます）．構文の必要上，あるいは意味を明確にするために「〜の」が用いられることもあります．

■**練習8**■ 次の文を読み，日本語に訳してみましょう．

①그 단어**의** 뜻이 무엇입니까?　　②"세계**의** 역사"는 번역되어 있습니까?

③지금**의** 일본에도 한국과 중국에서 들어온 문화가 많이 남아 있다고 한다.

ㅅ	－의 /에/	[助] 〜の
ㅐ	뜻	[名] 意味
ㅑ	세계 /세게/	[名] 世界【世界】
ㅕ	역사	[名] 歴史【歴史】
ㅛ	문화	[名] 文化【文化】

8 話し手の主張をあらわす形

Ⅰ－지요 (Ⅰ－죠) には「〜でしょう」という確認〔▶p.133〕，ていねいな勧誘，命令〔▷p.24–25〕，やわらかい疑問詞疑問文〔▷p.43〕などいくつもの用法がありますが，それ以外に，日本語の「あるよ」や「そうですよ」のように「よ」をつけた場合に該当する，話し手の主張を強くあらわす用法があります．パンマルはⅠ－지です．

■**練習9**■ 次の文を読み，日本語に訳してみましょう．

①**모르죠**, 그런 사람.　　②돈은 **있죠**. 돈은 있는데 시간이 없는 거**죠**.

③그래도 일본보다는 **낫죠**.　　④**들러 봤지**. 들러 봤는데 못 만난 거야.

ㅈ	낫다	[形] より良い，ましだ [ㅅ不規則]
ㅊ	들르다	[動] 寄る

❾ 母音「エ」の省略

　場所をあらわす代名詞に −에，−에서 がつくと話しことばでは에 が消えた短い形が用い
られますが〔▶p.71，p.89，p.157〕，それ以外の，特に母音字 ㅐ または ㅔ で終わる名詞
（特に固有語）のあとでも同じことが起こることがあります．

■**練習10**■ 次の文を読み，日本語に訳してみましょう．

①나중에 시간이 **있을 때** 가면 돼요.　②먼저 표 **사는 데서** 표를 사오세요.

㉿ 나중에	[副] あとで

은　선 : 저기 보이는 건물이 박물관인데 들러 볼까?

미　에 : 우리 바로 마을로 들어가는 게 나을 것 같은데요.
　　　　나중에 시간 남으면 구경해 보기로 하죠.

은　선 : 그래, 그게 낫지. 바로 들어가기로 하자.

미　에 : 언니 근데 이 마을의 역사가 어떻게 돼요?

은　선 : 모르지. 나도 처음 왔다고 했잖아. 안내 책자 받은
　　　　거 좀 보여 줘. 읽어 보자.

　　　　　　＊　　＊　　＊　　＊

하회 마을의 역사는 지금부터 600년 전에 유씨 가
문이 이 땅에 살기 시작한 데서 시작된다.

하회라는 이름은 한국에서 제일 큰 강인 낙동강이
마을을 돌면서 흘러간다는 뜻에서 지어졌다고 한
다.

이 마을에는 지금도 유씨 가문들이 모여산다.

마을에는 조선 시대 건물들이 많이 남아 있어 2010
년에는 세계 문화유산으로 지정되었다.

テスト：作文練習・その3

■ 第7課 ■

① 辞書は引いてみましたか？

② 問題がやさしすぎませんか？

③ はい，おっしゃるとおりです．

④ 立って食べずにすわって食べなさい．

⑤ ラジオを聞きながら晩ごはんの準備をします．

⑥ お酒を飲みながら料理が出てくるのを待ちました．

⑦ 私がどうして中国語を学ぶようになったかお話しすることにいたします．

⑧ 私もあの人がどういう人なのか理解できるようになりました．

⑨ テストはいつでしたか？──今日でした．

⑩ 家に帰る前に行くところがあります．

⑪ まず中央博物館から行ってみようと思います．

⑫ 夏休みになったらいっしょに旅行に行こう．

* * * * * * * * *

② 「～すぎる」は「あまりにも～」であらわします．長い否定形を使ってみましょう．

③ 「はい，正しいおことばでいらっしゃいます」が直訳です．「～でいらっしゃいます」は「～です」の尊敬形で，「います」の尊敬形「いらっしゃいます」とは異なります．

④ 「食べなさい」はヘヨ体〔▷p.60〕かパンマルを用いるのがよいでしょう．

⑥ 「出てくるの」は「出てくること」で，1単語〔▷p.46-47〕ででも連体形を含む2単語〔▶p.110〕ででもあらわすことができます．

⑧ 「理解できる」は「わかる」と考えればいいですね．

⑩ 「帰る」は「行く」を用い〔▶p.71〕，「行くところ」は「行くべきところ」なので未来連体形を用います〔▶p.153〕．　　　⑪ 「**中央博物館**」＝「**中央**線」＋「**博物館**」．

■ 第8課 ■

① 郵便局に行って荷物を受け取ってきました．

② 久しぶりにあのときの先生にお目にかかってきました．

③ 私が学びたいのは中国語ではなくてベトナム語です．

④ 料金は1日で5千ウォンです．

⑤ おまえのものはおれのもの，おれのものもおれのもの．

⑥ コーヒー代は日本より韓国の方が高いそうです．

⑦申告するものがあるかと空港職員が私に尋ねました.

⑧読みおえた本は捨てろという人もいます.

⑨次はヨーロッパ旅行に行こうと友人が言いました.

⑩おつゆなしにごはん食べろだって?

⑪まだ説明してくれてないじゃん.

⑫辛くないというんですが食べてみたら辛くてたまらないです.

* * * * * * * *

　①「受け取る」には「探す, 見つける」を使うこともできます〔▷p.37〕.

　⑦「申告する」は「申告すべき」と考え未来連体形を用います〔▶p.153, p.156, p.159〕.

　⑧「読みおえる」は「全部」〔▶p.135〕＋「読む」であらわすことができます〔▷p.36〕.

　⑨「次は」は「次には」とした方が自然です〔▶p.66〕.

■第9課■

①多くの韓国人はごはんをスプーンで食べる. 茶碗は持たない.

②その村はなくなり名前だけが残っている.

③案内所に行けば紹介してくれるそうです.

④良いアルバイトを探し出しました.

⑤昨日は用事があり家にいなかった.

⑥子どもに薬を飲ませなくてはならないのですが飲もうとしません.

⑦朝鮮語を活かせる会社で働きたいという気になりました.

⑧世界でいちばんたくさん読まれている本が何か知っていますか?

⑨1限は8時50分に始まるそうです.

⑩その事実は『韓国の文化遺産』という本に説明されている.

⑪留学に行く日が待ち遠しいです.

⑫それは中学校のとき習いましたよ.

* * * * * * * *

　①②⑩ハンダ体を使いましょう.

　①「持たない」を長い否定形と短い否定形の両方を使ってみましょう.

　②「残っている」は「残った」あとの状態です〔▷p.20-21〕.

　③非短縮形と短縮形の両方を使ってみましょう.

　⑥「薬を飲む」は「薬を食べる」であらわします〔▶p.164-165, ▷p.62〕.

　⑦「気になる」は「思いが入る」であらわします. ちなみに「思いが出る」は「思い出す」
ことをあらわすのでしたね〔▷p.62〕. 短縮形を使ってみましょう.

　⑪「待ち遠しい」は「待たれる」と考えてみましょう.

第 **10** 課 河回村の両班住宅にて ―間接話法と第Ⅲ語基―

ふたりは村の中を見て回りながら両班の家を見つけます.

美　愛：ここにある家は建ててから**2**どのくらいに**1**なるのかしら？

恩　善：さっきもらってきた冊子か**1**きっぷに説明が出てたみたい
　　　　だけど**8**. それでも**1**もう一回読んでみてよ.

＊　　＊　　＊　　＊

美　愛：いちばん古い家は16世紀に建てられたんだって**3**. わあ,
　　　　五百年にも**1**なるのね. 両班の家だって**3**.

恩　善：じゃあまさにここじゃない**4**.

美　愛：ここが両班が住んでた**8**家なの？

恩　善：住んでた**8**家というよりは今も人が住んでるのよ.

美　愛：私はここはただ家だけあるのかと思ってたわ**6**. じゃあこ
　　　　の家には両班が住んでいるの？

恩　善：中に人がいるじゃない**4**.

美　愛：あの人たちが両班なの？ 両班がどんな人なのかよく知らな
　　　　いけど.

恩　善：両班について**7**わかりやすく**9**説明するのは難しいわね**9**.
　　　　でも今どき両班じゃない韓国人はだれも**5**いないわよ.

---

1 数量の強調や概数などをあらわす助詞

　数量をあらわす, あるいはそれに準ずる単語に助詞 −나（子音字の後ろでは −이나）を
つけると予想よりも数量が多いことをあらわします. 日本語の「〜も」にあたります.

㋐ −나	[助] 〜も, 〜ぐらい, 〜でも	〔母音字の後ろで〕
㋑ −이나	[助] 〜も, 〜ぐらい, 〜でも	〔子音字の後ろで〕

■**練習1**■　次の文を読み，日本語に訳してみましょう.
　①택시를 타도 **40분이나** 걸려요?　②하루에 **열 시간이나** 공부해야 돼요?
　③도시락 하나에 **3만 원이나** 해요?　④컵라면을 한번에 **세 개나** 먹었어요?

　　《参考》この意味の「〜も」には−도を用いることができないことに注意してください.

　数量が몇《いくつ》や얼마《いくら》など数をあらわす疑問詞の場合，−나/−이나は
「〜ぐらい」という概数をあらわします.

■**練習2**■　次の文を読み，日本語に訳してみましょう.
　①택시를 타면 **몇 분이나** 걸릴까요?　②하루에 **몇 시간이나** 공부해야 돼요?
　③어제 술을 **얼마나** 마신 거예요?　④가을 학기엔 수업을 **몇 개나** 들어요?

　数量（疑問詞を含む）以外に用いられると「〜でも」をあらわします. この意味では指定
詞とⅢ−도を組み合わせた特別な形−이라도/−라도〔▷p.69〕へ置き換えられます. また
複数のものを並べて示す「〜や」や，そのうちどれかを選ぶ「〜か」の意味ももちます.

■**練習3**■　次の文を読み，日本語に訳してみましょう.
　①**저녁이나** 같이 먹으러 갈까요?　②텔레비전만 보지 말고 빨리 **숙제나** 해라.
　③언제 **어디서나** 구입하실 수 있어요.　④**전화나** 이메일로 연락해 주시면 됩니다.
　⑤학생이면 **누구나** 들어갈 수 있어요.　⑥저는 매일 아침에 **우유나** 홍차를 마셔요.

2「〜してから」

　過去連体形をつくる語尾Ⅱ−ㄴの後ろに지《以来》を続けて「〜して以来, 〜してか
ら」をあらわします. Ⅱ−ㄴ지《〜（の）か》〔▷p.29〕とは異なるので気をつけてくださ
い. Ⅱ−ㄴと지は離して書きます. 지に助詞−가《〜が》などがつくことがあります.

■**練習4**■　次の文を読み，日本語に訳してみましょう.
　①저는 **결혼한 지** 20년이 됐습니다.　②**지은 지** 백 년이 되는 오래된 건물입니다.
　③우리 대학교의 역사가 **시작된 지가** 140년이 됩니다.

ㅎ　오래되다　　　　　　　　〔形〕古い

---

❸ 間接話法と第Ⅲ語基

　間接話法で「ハンダ体＋고」の後ろに하다が続く場合，고 하を省略した形があるのを学びました〔▷p.77，p.82〕．たとえば돈이 없다고 합니다《お金がないと言っています》は고 하を省略して돈이 없답니다ということができます．では돈이 없다고 해요のように하다가ヘヨ体で第Ⅲ語基 해が用いられる場合どうすればよいでしょうか？

　해 の母音字に注目してください．母音字 ㅐ を ㅏ と ㅣ を組み合わせたものだと考えて，해を하と ㅣ に分けます．없다고 해요を없다고 하ㅣ요とみなすわけです．고 하を省略すると없다と ㅣ요が残りますが，ㅣだけでは文字にはならないので，これを다と組み合わせて 대とします．없다고 해요の고 하省略形は없대요となるのです．

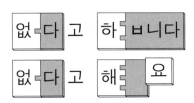
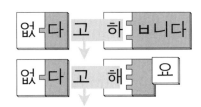

■ **練習5** ■　次の文を読み，日本語に訳してみましょう．非短縮形にも戻してみましょう．またハムニダ体の短縮形にも替えてみましょう．

　①버스를 타고 가는 게 더 **빠르대요**?　②낮에는 바쁘고 밤에만 시간이 **있대요**.
　③이미선 선생님이 어디 **아프시대요**?　④오빠가 그 영화 봤는데 정말 **재미있대요**.
　⑤저 건물은 조선 시대에 **지어졌대요**.　⑥반 친구들이 한 명도 리포트를 **못 냈대요**.

　Ⅰ－는다，Ⅰ－ㄴ다の後ろに해が用いられる場合も同じように省略形を作ることができます．たとえば읽는다고 해요《読むといっています》の省略形は읽는대요となります．

　疑問，勧誘，命令をあらわすⅠ－냐，Ⅰ－자，Ⅱ－라の省略形の作り方の原理もこれと同じで，읽냐고 해요《読むのかといっています》は읽내요，읽자고 해요《読もうといっています》は읽재요，읽으라고 해요《読めといっています》は읽으래요となります．

　なお，これらの文の－요をとれば「主節」がパンマルになるのはもちろんです．

　《参考》읽는다고 해요の해요は平叙形「読むといっています」，疑問形「読むといっていますか」，勧誘形「読むといいましょう」，命令形「読むといって」〔▷p.60〕の4つの「主節」にあたり，*that*節にも平叙，疑問，勧誘，命令の4つがあるので結局4×4＝16パターンがあることになります．さらに「主節」にはハムニダ体，ヘヨ体，パンマル，ハンダ体がありうるので，4×4＝16パターンにはそれぞれ4つの文体があるわけです．

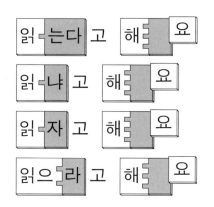
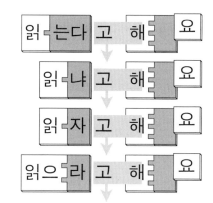

《参考》「that節」と「主節」の組み合わせの一端を見ておきます. 읽는대요?《読むで
すって?》, 읽내요?《読むかですって?》, 읽재요《読もうですって》, 읽으래?《読めだっ
て?》, 읽자냐?《読もうだって?》, 읽는단다《読むという》, 읽으란다《読めという》.

■**練習6**■ 次の文を読み，日本語に訳してみましょう．非短縮形にも戻してみましょう．
またハムニダ体の短縮形にも替えてみましょう．

① 내일 같이 야구 보러 **가재요**.　② 닭고기도 돼지고기도 **안 먹는대요**?

③ 몇 시에 어디에 **모이래요**?　④ 저 빨간 꽃 이름이 뭐**라고 한대요**?

■**練習7**■ 次の文を朝鮮語で書いてみましょう（ヘヨ体／パンマルの非短縮形と短縮形の
両方で書きましょう）．

① 辞書も**使うん**ですって．　② その薬よく**効かないん**ですって．

③ 趣味は何かだって．　④ ここで写真撮ったらだめなんだって．

⑤ 先に席を**取っておけ**ですって．　⑥ 時間のある人いっしょに**会おう**だって．

「that節」が指定詞でⅠ-다でなくⅠ-라が用いられる場合〔▷p.82〕も同じ考え方で短
縮形を作ることができます．さらに「主節」の하다に過去形などで第Ⅲ語基が用いられる
場合も同じ考え方で短縮形を作ることが可能です．

■**練習8**■ 次の文を読み，日本語に訳してみましょう．非短縮形にも戻してみましょう．
また①，②をハムニダ体の短縮形にも替えてみましょう．

① 고향이 안동**이래요**.　② 안내 책자는 무료가 **아니래요**.

③ 숙제는 이것만 하면 **된댔잖아요**.　④ 네가 **가겠으니까** 네가 사 줘야 돼.

⑤ 누가 이런 걸 **사오랬습니까**?　⑥ 언니한테 그 남자 친구 좀 **조심하래라**.

4 特別な否定形をもつ用言の反語

Ⅰ-지 않다の反語的用法を第8課で学びました〔▷p.78〕. 存在詞は 없다《ない, いない》〔▶p.72〕, 指定詞は 아니다《～でない》〔▶p.104〕という特別な否定形がありますが, 反語の場合にかぎりⅠ-지 않다を用いることができます. 있지 않다, -이지 않다という形が用いられるのです (없지 않다, -가/-이 아니지 않다という形もあります).

また動詞でも 알다《知る, わかる》には 모르다《知らない, わからない》という特別な否定形がある〔▶p.114, p.148〕ので通常はⅠ-지 않다を用いませんが, やはり反語の場合には 알지 않다を用いることができます. 補助語幹がⅠ-지の前におかれる傾向があること, Ⅰ-잖다という短縮形が用いられることは第8課で学んだとおりです.

■**練習9**■ 次の文を読み, 日本語に訳してみましょう.
①그거 제 우산**이잖아요**. ②저쪽에 자리 많이 **있잖아요**.
③아직 끝이 **아니잖아요**. ④찌개 같은 건 누가 만들어도 **맛있잖아**.
⑤선생님도 잘 **아시잖습니까**. ⑥너도 그 여자가 누군지 **몰랐잖아**.

5 疑問詞と「～も」

「誰」や「何」が「誰もいない」や「何もない」のように否定形で用いられる場合, 누구, 무엇 とは別の 아무, 아무것 という形を用います (話しことば形として 아무거 があります). また「何の～もない」となる場合には 무슨 ではなく 아무 がこのままの形で連体形として用いられます.

これらの形は「～でも」のように不特定のものを指す場合にも用いられます.

ㅌ 아무	[代・連] 誰, 何の
ㅍ 아무것	[代] 何
ㅎ 아무거	[代] 何〔話しことば〕

■**練習10**■ 次の文を読み, 日本語に訳してみましょう.
①지금 집에 **아무도** 없는데요. ②**아무** 걱정 안 하셔도 돼요.
③우리 마을에는 **아무것도** 없습니다. ④아니요, **아무것도** 아닙니다.
⑤**아무 때나** 놀러 오세요. ⑥뭐 마시고 싶어요? ―**아무거나** 좋아요.

⑥「〜だと思う」

連体形語尾Ⅰ−는, Ⅱ−ㄴ, Ⅱ−ㄹ に 줄《こと》, さらに 알다《知る, わかる》を続けることで「〜ことであると理解している」, つまりそう予想しているという意味での「〜だと思う」をあらわします. 알다は平叙文では過去形になることが多く, その場合「実際はそうでなかった」というニュアンスを帯びることがあります.

■**練習11**■ 次の文を読み, 日本語に訳してみましょう.

① 너 내가 **모르는 줄 알아?**　② 처음부터 우리 팀이 **이길 줄 알았어요.**

③ 역시 **이렇게 될 줄 알았어요.**　④ 누나는 그 남자랑 **결혼할 줄 알았는데….**

⑤ 너무 추워서 정말 **죽는 줄 알았어요.**　⑥ 선생님이서? 난 또 학생**인 줄 알았네.**

また 모르다《知らない, わからない》も平叙文ではふつう過去形で用いて「〜ことであると理解していなかった」, つまりそう予想していなかったという意味での「〜だと思わなかった」をあらわします. 줄《こと》の後ろに助詞が加わることがあります.

■**練習12**■ 次の文を読み, 日本語に訳してみましょう.

① 나도 **그런 줄 몰랐지.**　② 오늘 시험이 **있는 줄도 몰랐어요?**

③ 네가 이런 사람**인 줄 몰랐어.**　④ 그 선수가 그렇게 **활약할 줄은 몰랐네요.**

❼「〜について, 〜に関して」

「〜について, 〜に関して」は「対する, 関する」という動詞をⅢ−서 と組み合わせてあらわします. Ⅲ−서 が用いられるのは第5課で学んだ「〜に比べて」と同じです〔▷p. 52〕. これらの動詞を過去連体形にすると「〜についての, 〜に関する」という意味になります. これは決まった形式なので人に関する名詞にも −에게 ではなく −에 を用います.

㋵ 대하다	[動] 対する【対・・】 [하不規則]
㋺ 관하다	[動] 関する【関・・】 [하不規則]

■**練習13**■ 次の文を読み, 日本語に訳してみましょう.

① 노래 동아리**에 대해서** 알고 싶어요.　② 그 문제**에 관해서** 설명 좀 부탁드립니다.

③ 선생님**에 대한** 얘기를 들었나 보죠?　④ 베트남의 역사**에 관한** 책을 찾고 있어요.

8 もう1つの過去連体形・その1

　過去連体形にはⅡ－ㄴのほかにⅠ－던という形があります．Ⅰ－던は過去の動作を幅を
もってとらえ，その幅のある期間のある時点に注目した表現です．つまり，Ⅱ－ㄴが「～し
た～」だとすると，Ⅰ－던は「～していた～」にあたるということができます．

■**練習14**■ 次の文を読み，日本語に訳してみましょう．

　①고등학교 다닐 때 **만나던** 남자 친구가 오랜만에 연락을 주었습니다.

　②이 집은 조선 시대에 양반이 **살던** 집인데 16세기에 지어졌다고 합니다.

　③내가 **다니던** 중학교는 이제 없다. 같이 **배우던** 친구들은 지금 무얼 하고 있을까.

ㅋ 양반	[名] 両班【両班】〔李朝時代の上流階級〕
ㅌ 세기	[名] 世紀【世紀】

　Ⅰ－던はまた「形容詞の過去」をあらわすのにも用いられます．Ⅱ－ㄴを現在をあらわす
のに用いているためです．形容詞の他に指定詞，さらに存在詞の過去にもこの形が用いられ
ます．そのためⅠ－고 있다《～している》，Ⅲ－Ø 있다《～している》が過去連体形で用い
られる場合もⅠ－던を用います．なお動詞以外の場合，用言があらわす内容は「動作」では
ないので，「幅のある期間」という意味は特に持ちません．

　またⅡ－ㄴ 적이 있다《～したことがある》，Ⅱ－ㄴ 것이다《～したのだ／～だったの
だ》，Ⅱ－ㄴ 것 같다《～したようだ／～なようだ》などにはⅡ－ㄴをⅠ－던に置き換えた
Ⅰ－던 적이 있다，Ⅰ－던 것이다，Ⅰ－던 것 같다などの形があります．

■**練習15**■ 次の文を読み，日本語に訳してみましょう．

　①여기 **있던** 도시락 누가 먹었어?　　②교과서에 설명이 **나와 있던** 것 같은데요.

　③**춥던** 겨울이 가고 이제 봄이 왔다.　　④학생**이던** 저에게는 아주 힘든 일이었어요.

9 用言の体言形を用いた表現・その2

　「～するのがむずかしい（～しにくい）」は「～するの」にⅠ－기〔▷p.46–47〕を用い
てⅠ－기 어렵다であらわします．またⅠ－기 쉽다という形もあり，「～するのがやさし
い（～しやすい）」という意味をあらわしますが，日本語と同じく「すぐにそうなる」と
いう意味にもなります．いずれもⅠ－기に助詞－가《～が》などがつくことがあります．

■**練習16**■ 次の文を読み，日本語に訳してみましょう．

①좀 더 **알기 쉬운** 교과서가 없어요?　②요즘 한국에서는 일 **찾기가 어렵답니다.**

③술을 마시면 감기에 **걸리기 쉽대요.**　④옷에 맞는 구두를 **사기는 쉽지 않습니다.**

⑤한번 안으로 들어가면 다시 밖으로 **나오기가 어렵다.**

⑥외국어로 **번역하기 어려운** 단어가 바로 양반이다.

ㅅ 요즘	[名]	近ごろ，最近
ㅇ 안	[名]	中
ㅈ 다시	[副]	ふたたび，もう一度

미　에 : 여기 있는 집들이 지은 지 얼마나 된 걸까요?

은　선 : 아까 받아온 책자나 표에 설명이 나와 있던 것 같
　　　　은데. 그거나 다시 읽어 봐.

　　　　　＊　　＊　　＊　　＊

미　에 : 제일 오래된 집은 16세기에 지어졌대요. 와, 500
　　　　년이나 되는 거네. 양반 집이래요.

은　선 : 그럼 바로 여기잖아.

미　에 : 여기가 양반이 살던 집이에요?

은　선 : 살던 집이라기보다는 지금도 사람이 살고 있어.

미　에 : 저는 여기는 그냥 집만 있는 줄 알았어요. 그럼 이
　　　　집에는 양반이 살고 있어요?

은　선 : 안에 사람이 있잖아.

미　에 : 저 사람들이 양반이에요? 양반이 어떤 사람인지
　　　　잘 모르지만.

은　선 : 양반에 대해서 알기 쉽게 설명하기가 어렵네. 근데
　　　　요즘 양반이 아닌 한국 사람은 아무도 없어.

第 **11** 課　安東郊外のお寺にて　―合成語と漢字語の濃音化―

河回村を見物してから，ふたりは続けて安東近郊のお寺にやってきます．

恩　善：朝からずっと<u>行ったり来たりしてるから</u>❾疲れたでしょう？ あなた<u>大丈夫</u>❽？

美　愛：疲れてはいないけど<u>日差し</u>❹の<u>せいで</u>❸とても暑いわ．姉さんは平気なの？

恩　善：こんなふうに<u>歩いて</u>❶<u>山道</u>❹を登るのが久しぶりなので❸<u>正直</u>❺ちょっとしんどいわ．

＊　　＊　　＊　　＊

美　愛：建物がさっきのあそこよりも古そうに<u>見えるわね</u>❷．

恩　善：そうね．どうせここまで来たんだから中に<u>入ってみない</u>❼？ <u>寄って</u>❾行こうよ．

美　愛：<u>観覧券</u>❺みたいなのは買わなくていいの？

恩　善：そのまま入ればいいの．こっちよ．<u>ついて来て</u>❶．でも靴は脱いで入らなきゃだめよ．それと中では写真撮らないで．

美　愛：それはわかってる．それであの人たちはなんでここで<u>立ったりすわったりしているの</u>❾？

恩　善：拝礼しているのよ．日本ではこのように<u>やらないようね</u>❻．

❶ 手段，状況をあらわす「～して」

「(スイッチを) 押してつける」や「歩いて行く」などの動作は，言ってみれば「押しつつつける」や「歩きつつ行く」のように，「～して」で結ばれた２つの動作が同時並行的に行なわれるわけですが，このような場合の「～して」は多くの場合Ⅲ-서によってあらわされます．「押して」や「歩いて」などに用いられる「～して」をここでは「手段，状況」と呼ぶことにします．Ⅲ-서にはほかに「理由」の用法〔▶p.131〕があり，「変化」をあらわす動詞にも用いられますが〔▷p.66〕，いずれも日本語の「～して」に相当します．

■**練習1**■　次の文を読み，日本語に訳してみましょう.
　①저를 **따라서** 발음해 보세요.　②이것을 이렇게 **눌러서** 켜면 됩니다.
　③여기까지 계속 **걸어서** 온 거예요?　④그 분이 시간을 **내서** 도와 주셨습니다.

㉠ 따르다	[動] 従う，つく
㉡ 계속 /게속/	[副] 続けて，ずっと【継続】
㉢ 걷다	[動] 歩く［ㄷ不規則］

　　《**参考**》따르다《従う，つく》は他動詞ですので助詞は「〜を」を用います.

　가다，오다が後ろに続くⅢ−서は以下のようにⅢ−Øに置き換えて合成動詞とすることができます. これらは第9課で学んだ第Ⅲ語基を用いる合成動詞〔▷p.82-83〕の一部をなすものです.

■**練習2**■　次の文を読み，日本語に訳してみましょう.
　①전철 역까지는 **걸어가도** 가까워요.　②바로 가는 길이 없어서 **돌아가야** 합니다.
　③은행으로 가는 길을 잘 모르겠는데요.　―그럼 같이 가시죠. **따라오세요.**
　④우리 모습을 보고 마을 아이들이 많이 **모여왔습니다.**

㉣ 길	[名] 道

2 「〜そうにみえる」

　Ⅲ−Øの後ろに「見える」を意味する보이다を続けることで「〜そうにみえる」をあらわします. おもに形容詞や存在詞に用いられます.

■**練習3**■　次の文を読み，日本語に訳してみましょう.
　①사진만 봐도 **맛있어 보이네요.**　②**가까워 보이지만** 걸으면 30분 걸립니다.
　③**피곤해 보이시는데** 괜찮으세요?　④돈이 **있어 보인다는데** 사실은 안 그래요.

㉤ 피곤하다	[形] 疲れている【疲困・・】［하不規則］

3 「～のため，～のせい」

　体言の後ろに続けて「～のため，～のせい」のように原因や理由をあらわす場合，体言のあとに때문《ため，せい》を続けます．多くの場合 −에《～に》をともなって「～のために，～のせいで」の形で用いられます．「健康のためにタバコをひかえる」のように目的をあらわす場合はこの形を用いることはできません．

力　때문　　　　　　　　　　　　［名］ため，せい

■**練習4**■　次の文を読み，日本語に訳してみましょう．
　①앞 건물 **때문에** 경치가 안 좋네요.　　②큰 눈 **때문에** 버스가 못 오게 되었습니다.
　③그건 저 **때문**이 아니에요. 동생 **때문**이에요.

　때문の前に用言を用いて「～するせいで，～するために」のような意味をあらわすこともできます．その場合用言は I −기を用いて体言形にします．때문は体言と組み合わせることになっているからです．I −기の前にⅢ−ㅆ−を挟んで「～したせいで，～したために」の意味をあらわすこともできます．やはり−에をともなった I −기 때문にという形が多く用いられます．なおこの形は動詞だけではなく，すべての用言に用いることができます．

■**練習5**■　次の文を読み，日本語に訳してみましょう．
　①오후에는 사람이 **많기 때문에** 오전에 오시는 것이 좋습니다.
　②학교 앞 길은 차가 많이 **다니기 때문에** 조심해야 됩니다.
　③핸드폰이 **없었기 때문에** 연락을 못 했어요.
　④아직 학생**이기 때문에** 그런 것은 잘 모릅니다.

---

4 合成語の濃音化・その2

　日本語にはある種の合成語において，たとえば「うで＋とけい」が「うで＋どけい」となるように，後ろの要素が濁音になる，いわゆる連濁という現象が見られます．この現象は，発音が「変化」することによって「うで」と「とけい」という2単語がひとかたまりの合成語としての1単語に「変化」したことを印象づける役割を果たしていると考えられます．
　第6課で簡単に触れた合成語の濃音化〔▷p.61〕は，現象そのものは異なりますが，その

目的は日本語の連濁と似ています．本来の発音のルールからはずれる読み方をすることで両者が「〜の〜」の意味関係にあることを印象づける役割を果たしているといえるでしょう．

《参考》朝鮮語では助詞－의《〜の》を日本語ほど用いませんが，濃音化によって「〜の」が示されているわけです．여름 방박《夏休み》や점심 값《昼食代》などを1単語だと判断するかは議論の分かれるところですが（1単語であれば여름방학，점심값と書くのがスジですが），実際は分けて書くことが多いです．濃音化は「名詞＋名詞」構造の合成語で起こりますが，돼지고기《豚肉》のように濃音化しない例もあります．1つずつ覚えるしかありません．

■**練習6**■ 次の文を濃音化に注意して読み，単語の意味を考えてみましょう．
① 봄비 ② 안방 ③ 물고기 ④ 눈사람
⑤ 술집 ⑥ 땅값 ⑦ 오늘밤 ⑧ 일자리

■**練習7**■ 次の文を濃音化に注意して読み，日本語に訳してみましょう．
① 그 분도 **일본 분**이십니까? ② 오늘은 **아침 밥**을 안 먹고 나왔어요．
③ **산길**은 올라갈 때보다 내려갈 때 오히려 더 조심해야 됩니다．

| 因 산 | [名] 山【山】 |

このような濃音化において前の要素が母音字で終わる（＝終声字がない）単語の場合，終声字ㅅを加えて次の文字が濃音で発音されることを示します．

《参考》ㅅを사이시옷《あいだのシオッ》と呼びます．本来は次の文字が濃音で発音されることを示すㅅが実際には広く「〜の」をあらわすものとしても用いられるため，ㄱ，ㄷ，ㅂ，ㅅ，ㅈ以外の濃音にならない子音字がㅅの次に続くことがあり，結果的にㅅが鼻音化〔▶p.58〕するケースがあります．なおㅅは少数の例外を除き固有語にのみ用いられます．

■**練習8**■ 次の文を濃音化や鼻音化に注意して読み，単語の意味を考えてみましょう．
① 햇빛 ② 김칫국 ③ 윗사람 ④ 고깃집
⑤ 빗물 ⑥ 기찻길 ⑦ 어젯밤 ⑧ 혼잣말

| 力 해 | [名] 日，太陽 |
| 力 빛 | [名] 光，色 |

5 漢字語の濃音化

漢字語において終声字ㄹに続くㄷ，ㅅ，ㅈは濃音で発音されます〔▶p.89〕.

《参考》朝鮮漢字音の終声ㄹは日本漢字音の「ツ，チ」に対応します〔▶p.33〕. ㄹの次の音が濃音になる現象は，たとえば「一，日，結」など，「ツ，チ」で終わる日本漢字音が「一回，日程，結婚」などでつまる音で発音される現象とよく似ています.

■練習9■ 次の文を濃音化に注意して読み，日本語に訳してみましょう. 11 09

①**발전소**가 있던 땅에서 **발생**한 **물질**입니다.
②우리 교직원 **일동**은 여러분의 **활동**을 **열심히** 도와 드리고 있습니다.
③**솔직히** 말하면 왜 많은 사람들이 이런 것에 **열중하는지** 모르겠어요.

コ	솔직히 /솔찌키/	[副] 率直に，正直に【率直・】

《参考》次の単語がヒントです. 발음，전화，주소，동생，박물관，질문，교실，직원，일월，활약하다，운동，중국.

「英文科」の「科」，「観覧券」の「券」のような単語の後ろにつく要素を接尾辞といい，このようなある種の接尾辞は習慣的に濃音で発音されます（例外もあります）.

サ	영문과 /영문꽈/	[名] 英文科【英文科】
シ	관람권 /괄람꿘/	[名] 観覧券【観覧券】
ス	—과 /꽈/	[尾] ～科【科】
セ	—권 /꿘/	[尾] ～券【券】
ソ	—법 /뻡/	[尾] ～法【法】
タ	—증 /쯩/	[尾] ～証【証】

■練習10■ 次の文を濃音化に注意して読み，単語の意味を考えてみましょう. 11 10

①**외과** ②**여권** ③**문법** ④**학생증**
⑤**사회과** ⑥**입장권** ⑦**요리법** ⑧**직원증**

6 「〜ようだ」

名詞 모양《ようす》を連体形の後ろに続けると「〜するよう」となり，さらに指定詞 –이다を続けることで「〜するようだ」という意味をあらわします．「ようす」からわかるとおり，何かを見てそれを根拠に推測する場合に用いられます．

ㅌ 모양	[名] ようす【模様】

■**練習11**■ 次の文を読み，日本語に訳してみましょう．
　①이 호텔은 신발을 벗고 **들어가야 하는 모양이에요**.
　②열이 아직 **안 내린 모양이네요**.　　③누가 밖에서 **기다리던 모양인데요**.

ㅊ 신발	[名] 履きもの，靴
ㅌ 벗다	[動] 脱ぐ

7 意向をたずねる話しことば

相手の意向をたずねる誘いかけの疑問形としてⅡ－ㄹ까요〔▶p.161〕を学びました．これと意味はほぼ同じで，話しことばにのみ用いられる形としてⅡ－ㄹ래요があります．Ⅱ－ㄹ까요よりも親しげな感じがします．－요を除いた形はパンマルとして用いられます．

《**参考**》意図をあらわすⅡ－려고 하다は話しことばでⅡ－ㄹ려고 하다と発音されるほかに，Ⅱ－ㄹ라고 하다というさらにくだけた発音がありますが〔▷p.48〕，これを間接話法と同じように短縮形を用いてヘヨ体にするとⅡ－ㄹ래요となりますね．これがこの項目で学ぶⅡ－ㄹ래요なのです．Ⅱ－ㄹ래요の非短縮形Ⅱ－ㄹ라고 해요は疑問形のほか平叙形でもあるので，Ⅱ－ㄹ래요は平叙形としても用いることができます．

■**練習12**■ 次の文を読み，日本語に訳してみましょう．
　①뭐 **마실래? 커피?**　　　　　②이왕 간다면 같이 **안 갈래요?**
　③난 오늘 집에 **있을래**.　　　④괜찮은 사람이 있는데 **만나 볼래요?**

ㅏ 이왕	[副] どうせ，せっかく【已往】

🔟 タメグチ疑問形の話しことば

タメグチの疑問形には話しことばにのみ用いられる形Ⅰ−니があります．Ⅲ−Øよりも柔らかく親しい感じがします．−요をつけて「ですます形」として用いることはできません．

■練習13■ 次の文を読み，日本語に訳してみましょう.

①너 관람권 **있니**?   ② **맛있니**? —네, 아주 맛있어요.

③이거 아직 **안 버렸니**?   ④여기는 신발 신고 들어가는 거 **아니니**?

Ⓝ 신다 /신따/   [動] 履く

🔟 「～してから」

Ⅰ−다가〔▷p.41〕はⅢ−ㅆ−をともなう過去語幹と組み合わさることがあります（これをここではⅢ−ㅆ다가であらわすことにします）．Ⅲ−ㅆ다가はある動作や状況が完全に終わってから次の動作や状況に移ることをあらわします．Ⅲ−ㅆ다가の後ろに対になる動作や状況が続くことが少なくありません．なお，Ⅰ−다가にⅠ−다という短縮形があるのと同じくⅢ−ㅆ다가にもⅢ−ㅆ다という形があります．

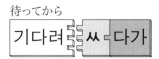

■練習14■ 次の文を読み，日本語に訳してみましょう.

①카페에서 좀 **쉬었다** 갈까요?   ② **갔다** 오겠습니다. —그래 잘 **갔다** 와.

③10분만 더 **기다렸다가** 갑시다.   ④여름 날씨처럼 **더웠다가** 다시 추워졌네요.

⑤2층으로 **올라갔다가** 아무도 없어서 다시 내려왔습니다.

対になる２つの用言にⅢ−ㅆ다가が用いられ，後ろに하다が続くと動作や状況を繰り返す「～したり～したりする」という意味になります．日本語で連体形を重ねてあらわす「行き来する，出し入れする」などに似ています．ふつうは短縮形Ⅲ−ㅆ다を用います．

《参考》日本語訳だけを見ると第６課で学んだⅠ−고 하다〔▷p.55〕と同じですが，Ⅰ−고 하다はただ動作を並べるだけで，「繰り返し」の意味を持ちません．

■**練習15**■ 次の文を読み，日本語に訳してみましょう.

①이런 신발은 **신었다 벗었다 하기가** 정말 불편해요.

②우리가 스마트폰을 하루에 몇 번이나 **켰다 껐다 하는지** 생각해 본 적이 있니?

③저 사람들이 **일어섰다 앉았다 하는** 건 뭐 하는 거예요? —절을 올리는 거죠.

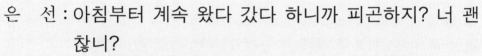

⊟ 일어서다	[動] 立つ，立ち上がる，起きる
⊠ 절	[名] おじぎ，礼，拝礼

은　선 : 아침부터 계속 왔다 갔다 하니까 피곤하지? 너 괜
　　　 찮니?

미　에 : 피곤하지는 않은데 햇빛 때문에 너무 더워요. 언니
　　　 는 괜찮으세요?

은　선 : 이렇게 걸어서 산길 올라가는 게 오랜만이기 때문
　　　 에 솔직히 좀 힘들어.

　　　　　　 ＊　　＊　　＊　　＊

미　에 : 건물이 아까 거기보다 더 오래돼 보이네요.

은　선 : 그래. 이왕 여기까지 왔으니까 안으로 들어가 보지
　　　 않을래? 들렀다 가자.

미　에 : 관람권 같은 건 안 사도 되나요?

은　선 : 그냥 들어가면 돼. 이쪽이야. 따라와. 근데 신발은
　　　 벗고 들어가야 돼. 그리고 안에서는 사진 찍지 마.

미　에 : 그건 알아요. 근데 저 사람들은 왜 여기서 일어섰
　　　 다 앉았다 하는 거예요?

은　선 : 절 올리는 거지. 일본에선 이렇게 안 하는 모양이네.

第**12**課　再会のときまで　―親族名称とその尊敬形―

美愛さんは帰国に先立ち，来年には韓国で勉強することを約束します．

恩　　善：ほんとに来年には韓国に来て勉強するつもりなの**❶**？

美　　愛：ええ，韓国で学校に通ってみるのがいいと思って**❷**．でも**❹**
　　　　　そうするためには**❸**アルバイトしてお金をたくさん貯めな
　　　　　きゃいけないわね．

恩　　善：娘**❻**がひとりで外国に行って**❺**勉強するというのに**❹**ご両
　　　　　親は**❼**お許しになったの？

美　　愛：実ははじめは早く卒業してほしい**❽**という話をちょっとし
　　　　　てた．

恩　　善：お父さま**❻**が**❼**？　やっぱり娘**❻**が心配だから**❺**．

美　　愛：ええ，でも**❹**お父さん**❻**も今はもうやりたいように**⓬**やっ
　　　　　てみろって言ってる**❾**．

恩　　善：ああ，そうなんだ．

美　　愛：早く来年になったらいいなあ**❿⓫**．

恩　　善：あさってには日本に戻るって言ったよね**❾**？　日本に着いた
　　　　　ら私に連絡くれるの忘れないでよ．

美　　愛：もちろんよ．かならず連絡するわね．

---

❶「～する考え，～するつもり」

　　未来の連体形語尾Ⅱ－ㄹ の後ろに 생각《考え，思い》を続けることで「～する考え，～
するつもり」をあらわします（まだ実行に移していないので未来連体形を用いるわけで
す）．Ⅱ－ㄹ 생각 の後ろに指定詞－이다 を続けると「～する考えだ，～するつもりだ」と
なり，またⅡ－ㄹ 생각이 있다 という形をとって「～する考えがある，～するつもりがあ
る」，そしてその否定形としての「～する考えがない，～するつもりがない」をⅡ－ㄹ 생
각이 없다 であらわすことができます．

■**練習1**■ 次の文を読み，日本語に訳してみましょう．

①내년에 졸업 **안 할 생각이에요?** ―네, 유학할 생각이 있어요.

②나는 그걸 **허락할 생각이 없습니다.** ③지금 우리는 아이를 **가질 생각이 없어요.**

㉮ 졸업	[名] 卒業【卒業】
㉯ 허락	[名] 許し【許諾】
㉰ 가지다	[動] 持つ〔所有するという意味でも用いる〕

❷ 「～と考える，～と思う」

前項で扱った名詞 생각《考え，思い》からなる動詞 생각하다《考える，思う》を用いて，間接話法の「ハンダ体＋고」と組み合わせることによって「～と考える，～と思う」をあらわすことができます．日本語では遠回しな表現をする際に「～と思う」を用いることが多いですが，「ハンダ体＋고 생각하다」はほんとうにそう思う場合にのみ用いた方がよいでしょう．日本語の遠回しな表現としての「～と思う」に近いと思われるのは「ハンダ体＋고 생각하다」ではなく「連体形＋것 같다」です．

推量をあらわすⅡ－ㄹ 것이다〔▷p.38-39〕を「ハンダ体＋고 생각하다」と組み合わせたⅡ－ㄹ 것이라고 생각하다 という形も多く用いられます（短縮形Ⅱ－ㄹ 거라고 생각하다が多く用いられます）．また 생각하다の하다を되다に取り替えた 생각되다 という形〔▷p.85〕があり，これを用いた「ハンダ体＋고 생각되다」という形もあります．「～と考えられる，～と思われる」に相当します．さらにⅡ－ㄹ 것이라고 생각되다（やはりⅡ－ㄹ 거라고 생각되다となることが多いです）という形も用いられます．

■**練習2**■ 次の文を読み，日本語に訳してみましょう．

①외국어는 이렇게 배우는 것이 제일 **좋다고 생각합니다.**

②그 시대의 역사를 **잊으면 안 된다고** 우리는 **생각한다.**

③저는 그게 **아니라고 생각합니다.**   ④큰 도서관에 가면 **있을 거라고 생각해요.**

⑤먼저 그것이 어떻게 되어 있는지 **확인해야 된다고 생각됩니다.**

㉱ 잊다	[動] 忘れる
㉲ 생각되다	[動] 考えられる，思われる

❸ 「～のため」

　前課では「～のため」にあたる表現を学びました〔▷p.100〕. これは原因や理由をあらわす場合に用いられる表現であり, 「健康のためにタバコをひかえる」のように目的をあらわす場合は用いることができませんでした.

　目的をあらわす場合には, 動詞 위하다《ためである》をⅢ－서 と組み合わせた 위해서 という形を用います. Ⅲ－서 のかわりにⅢ－Ø を用いた 위해 という形も用いられます〔▷p.83〕. 日本語とは異なり「～の」に該当する箇所に「～을」を用います.

■**練習3**■　次の文を読み, 日本語に訳してみましょう.　
　①무엇을 **위해서** 영어를 배웁니까?　　②오빠 생일을 **위해서** 선물을 준비했습니다.
　③부모님이 가족들을 **위해** 열심히 일하고 계십니다.

| ㋙ 위하다 | ［動］ためである【為・・】　［하不規則］ |

　なお, この動詞を連体形にすると「～のための」という意味になります. 過去連体形であることに注意してください. 대하다《対する》, 관하다《関する》の連体形が 대한, 관한 である〔▷p.95〕のと同じです.

■**練習4**■　次の文を読み, 日本語に訳してみましょう.　
　①유학을 **위한** 준비를 시작했습니다.　②그건 대학원생만을 **위한** 수업이 아닙니다.

　「～ため」の前に用言が用いられる場合は, 用言をⅠ－기 を用いて体言形にします. その場合には「～을」が省略されるのがふつうです.

■**練習5**■　次の文を読み, 日本語に訳してみましょう.　
　①돈을 **모으기 위해서** 아르바이트를 하고 있어요.
　②싼 고기를 맛있게 **먹기 위한** 요리법을 소개해 드립니다.
　③모레부터 여행을 가기로 했다. 그 사람을 **잊기 위해서**.

| ㋚ 모으다 | ［動］集める, 貯める |
| ㋛ 모레 | ［名］あさって |

■**練習6**■　次の文を朝鮮語で書いてみましょう.

①かぜの**ために**何日か休みました.　　②バスが**不便なために**タクシーで来ました.

③市内地図を**買うために**書店に入った.　④コンビニに**寄ったため**授業に遅れました.

⑤両親の結婚記念日を**お祝いするために**花をプレゼントします.

⑥レポートを書く**ために**高い本を**買ったせいで**もうお金がありません.

4 婉曲をあらわす形のそのほかの意味・その1

Ⅰ-는데, Ⅱ-ㄴ데は「〜するのに, 〜なのに」や「〜するので, 〜なので」のように逆接や理由などの意味を持つこともあります（Ⅱ-ㄹ 텐데が「〜するだろうに」と訳せたり〔▷p.59〕, 그런데, 근데が状況によって多くの日本語に対応するのもそのためです）.

Ⅰ-는데, Ⅱ-ㄴ데は, 特定の意味を持つというよりは単に文の途中でいったん区切りをつける役割を果たしているだけだといえます. それが全体の状況や文脈によって「前置き, 逆接, 理由」などさまざまな意味としてあらわれるわけです.

> 《**参考**》Ⅰ-는데, Ⅱ-ㄴ데は本来は接続形であり, それが言ってみれば「宙ぶらりん」な形で終止形として文末で用いられることで「婉曲」の意味が生じるわけです.

■**練習7**■　次の文を読み, 日本語に訳してみましょう.

①오늘은 시간이 **없는데** 내일 합시다.　②이거 좀 **작은데** 더 큰 거 주시겠어요?

③**피곤한데** 좀 쉬었다가 가지 않을래?　④수업은 **재미있는데** 학생이 많지 않아요.

5「〜して」の話しことば

「〜して」を意味するⅢ-서とその書きことばⅢ-Øには, 話しことばとしてⅢ-Ø 가지고という形があります.

> 《**参考**》가지고は見てのとおり 가지다《持つ》にⅠ-고がついたものです. 그렇다《そうだ》にⅢ-서がついた接続詞 그래서《それで》〔▶p.93, p.149〕にも 그래 가지고という形があります. 日本語でも「それで」をくだけた言い方で「それでもって」と言いますね.

■**練習8**■　次の文を読み, 日本語に訳してみましょう.

①여기 **앉아 가지고** 음료수나 마시자.　②백화점에서 치마를 하나 **사 가지고** 왔다.

③이제 5월인데 너무 **추워 가지고** 양말을 신는 건 물론 스웨터까지 입어야 됐습니다.

---

❻ 親族名称とその尊敬形

親族名称のうち，未習のもののいくつかをここにまとめてあげておきます．

㋘	아빠	[名] お父さん，パパ
㋙	엄마	[名] お母さん，ママ
㋚	아들	[名] 息子
㋛	딸	[名] 娘
㋜	남동생	[名] 弟【男同生】〔妹と区別するとき〕
㋝	여동생	[名] 妹【女同生】〔弟と区別するとき〕
㋞	할아버지	[名] おじいさん
㋟	할머니	[名] おばあさん

親族名称には尊敬形を持つものがあります．尊敬形は님（선생님《先生》の님と同じもので，あえて訳せば「さま」です）を後ろにつけて作ります．

㋠	아버님	[名] お父さま
㋡	어머님	[名] お母さま
㋢	할아버님	[名] おじいさま
㋣	할머님	[名] おばあさま
㋤	형님	[名] お兄さま【兄・】
㋥	누님	[名] お姉さま
㋦	아드님	[名] 息子さん
㋧	따님	[名] お嬢さん

《参考》님を加える際には非尊敬形の最後の1文字がまるごと消えます．ただし終声字ㄹで終わる非尊敬形はㄹだけが消え，형《兄》は変化させずにそのまま님をつけます．

■**練習9**■ 次の文を読み，日本語に訳してみましょう．

①**엄마, 아빠** 아직 안 들어오셨어요?　②아이는 **아들**이 하나, **딸**이 둘 있습니다.

③방학이 되면 **할머니** 집에 놀러 가요.　④**남동생**도 같은 고등학교를 나왔습니다.

7 助詞の尊敬形

朝鮮語には助詞にも以下のような尊敬形があります．

ㄴ	―께서	[助] ～が
ㅅ	―께서는	[助] ～は
ㄷ	―께서도	[助] ～も
ㄱ	―께	[助] ～に

■**練習10**■ 次の文を読み，日本語に訳してみましょう．

①아버님**께서도** 안녕하시죠?　②형님**께서** 같이 와 주셨습니다.

③여러분**께서는** 어떻게 생각하세요?　④할아버지**께** 선물을 드렸습니다.

8 「くれる，～してくれる」の間接話法

動詞 주다 には「あげる」と「くれる」の両方の意味がありますが，間接話法の命令形で「くれる」を用いる場合（つまり「～くれと」）にかぎり，주다 ではなく「請う」にあたる動詞 달다 を用います．同じように Ⅲ−Ø 주다 が「～してくれる」を意味する場合（つまり「～してくれと」）には Ⅲ−Ø 달다 を用います．고 하の省略も可能です．

| ㅅ | 달다 | [動] 請う |

■**練習11**■ 次の文を読み，日本語に訳してみましょう．

①아이가 우유 **달라고 해요**.　②사진을 한 장 **찍어 달라고** 부탁했습니다.

③직원이 서류를 빨리 **내 달랍니다**.　④전화번호 **알려 달랬는데** 안 알려 줬어요.

⑤이것 좀 **보여 주세요**. ―네? ―이것 좀 **보여 달라고요**.

《**参考**》 달라 となるのは間接話法では命令形に Ⅱ−라 を用いる〔▷p.76〕からです．

⑨ 間接話法の話しことばと省略形

話しことばではⅡ−려고 하다などの 하다に 그러다が用いられることを学んでいますが〔▷p.54〕，間接話法の「ハンダ体＋고 하다」でも同じく「ハンダ体＋고 그러다」という形が用いられます．「ハンダ体＋고 하다」とは異なり短縮形〔▷p.77〕はありません．

またハンダ体の後ろの 고はその後ろに 하다，그러다のどちらが続く場合でも省略することができます．これはⅡ−려고 하다や−라고 하다/−이라고 하다でも同じです．

■**練習12**■ 次の文を読み，日本語に訳してみましょう．
　①누가 이거 버리고 **오라고 그래요**?　②할아버님께서는 여행이 취미**라 그러세요**.
　③하얀 바지를 **좋아하지 않는다 한다**.　④전공이 아닌 수업 **들으려 하는데** 어떨까?
　⑤이제 자리가 **없다고 그러는구나**.　⑥"서울과 평양"**이라 하는** 책이 나와 있다.

⑩ ハンダ体平叙形の用法

ハンダ体平叙形Ⅰ−다，Ⅰ−ㄴ다，Ⅰ−는다が話しことばで用いられると感嘆のニュアンスを帯びることがあります．

■**練習13**■ 次の文を読み，日本語に訳してみましょう．
　①우와, 노래 진짜 잘 **한다**!　　　②춥다 추워! 감기 **걸리겠다**!
　③이거 진짜 **맛있다**! 네가 만들었어? —그럼!

|㋬ 그럼|[間] もちろん|

⑪ 遠回しな希望の表現

Ⅱ−면 되다は 되다のかわりに 좋다《良い》を用いることができる場合がありますが，좋다に控えめさをあらわすⅠ−겠−〔▶p.157〕を挟み，その上にⅡ−면をⅢ−ㅆ−と組み合わせることで「〜もし〜だったらいいのに」という，遠回しな希望をあらわします．Ⅲ−ㅆ으면 좋겠다と示すことにします．英語の仮定法の考え方と似ています．

■**練習14**■ 次の文を読み，日本語に訳してみましょう．
　①그 얘기는 **잊어 줬으면 좋겠는데요**.　②가을 학기 시험이 **없어졌으면 좋겠는데**.

⑫「〜とおりに、〜するとおりに」

「思いどおりに」などの「〜とおりに」は連体形に名詞 대로《とおりに》を続けてあらわすことができます。連体形のかわりに名詞などを前に置くことも可能です。

■**練習15**■ 次の文を読み、日本語に訳してみましょう。

① **아시는 대로** 말씀해 주십시오.　② 어머님께 **배운 대로** 만들어 봤습니다.

③ 내 생각을 **그대로** 말해도 돼요?　④ 누가 뭐래도 난 **하고 싶은 대로** 할 거야.

은　선 : 정말 내년에는 한국에 와서 공부할 생각이야?

미　에 : 네, 한국에서 학교 다녀 보는 게 좋다고 생각해서요. 근데 그러기 위해서는 아르바이트해서 돈을 많이 모아야 되겠어요.

은　선 : 딸이 혼자 외국에 가 가지고 공부하겠다는데 부모님께서는 허락을 하셨어?

미　에 : 처음에는 빨리 졸업해 달라는 얘기를 좀 하셨었어요.

은　선 : 아버님께서? 역시 딸이 걱정이 되셔 가지고.

미　에 : 네, 근데 아빠도 이제는 하고 싶은 대로 해 보라 그러세요.

은　선 : 아, 그렇구나.

미　에 : 빨리 내년이 됐으면 좋겠다.

은　선 : 모레는 일본 간다 그랬지? 일본에 도착하면 나한테 연락 주는 거 잊지 마.

미　에 : 그럼요. 꼭 연락할게요.

テスト：作文練習・その4

■ 第10課 ■

① 木曜日には授業が4つもあります．

② 授業がない日は研究室か図書館にいます．

③ ここに来てから何日ぐらいになりましたか？

④ 運動は好きじゃないんだって．

⑤ 部屋が禁煙室じゃないんだって．

⑥ つまらない本は読まずに捨てろだって．

⑦ 文化人類学の授業いっしょに取ろうだって．

⑧ あそこに人が立ってるじゃん．あの人だよ．

⑨ 昨日は誰にも会いませんでした．

⑩ はじめは恩善さんについての話かと思いました．

⑪ いつも寄っていた喫茶店がまさにそこです．

⑫ それが誰なのかに関しては私は申し上げにくいのですが．

＊　＊　＊　＊　＊　＊　＊　＊　＊

① 「4つ」は「4個」とします．　　　④⑤⑥⑦ 短縮形を使ってみましょう．

⑦ 「**文化人類学**」＝「**文化**」＋「**日本人**」＋「**書類**」＋「**学生**」．

⑨ 「会う」は「食べる」などと同じ他動詞であることに気をつけましょう．

⑩ 「はじめは」も朝鮮語では「はじめには」のように「に」が必要です〔▶p.66〕．

■ 第11課 ■

① 予約ができるかEメールを送って聞いてみました．

② 高校のときの友だちが久しぶりに私を訪ねてきました．

③ むつかしそうにみえましたがよく考えてみたらやさしい問題でした．

④ こんなことのために私に電話したんですか？

⑤ 昼ごはんを抜いたのでおなかがペコペコです．

⑥ デパートの地下においしいパン屋さんがあります．

⑦ ごはんと肉のスープにキムチとのりがあれば毎日でもおいしく食べられます．

⑧ ファーストクラスでご予約なされば空港レストランの無料お食事券を差し上げます．

⑨ 明日の朝から雪が降るもようです．

⑩ 時間もあるし運動にもなるから歩いて行かない？

⑪まず学校に集まってから行くのが良くない？

⑫昨日はやることが多くてずっと行ったり来たりしなければなりませんでした．

＊　＊　＊　＊　＊　＊　＊　＊　＊

①「できる」は「なる」を使うことができます．

②「探す」に「訪ねる」の意味もあります〔▶p.110, p.132〕．「訪ねる」と「来る」を合わせて合成動詞にしてみましょう．

③「考えてみたら」がすでに実現していることに気をつけてください〔▷p.39〕．

⑤「おなかがペコペコ」は「おなかがあまりにすいて死にそうだ」でよいでしょう〔▷p.79〕．

⑧「ファーストクラス」は「一等」を用います．「**一等**」＝「**一**月」＋「**高等**学校」．

⑩「〜になる」は朝鮮語では「〜がなる」で，「〜が」と「〜も」を合わせると日本語と同じく「〜が」は省略されるので，「運動にもなる」は「運動もなる」と言えばよいです．

⑫「やること」は未来連体形を用いて「やるべき仕事」とするのがいいでしょう．

■第12課■

①しかし大学院まで行くつもりはありません．

②この教科書はよく売れるだろうと思います．

③国のために死にたくありません．

④外国語を学ぶためにはお金と時間がなければならないといいます．

⑤昨日は体調が良くなくて家で休んでいました．

⑥弟は３人いますが妹はいません．

⑦試合開始時間を調べてくれだって．

⑧おばあさまは何とおっしゃっていますか？

⑨息子さんもお嬢さんも外国で勉強なさっているそうです．

⑩わあ，雪が降ってる！

⑪誰かが手伝ってくれたらいいんだけど．

⑫考えているとおりに書いてみましょう．

＊　＊　＊　＊　＊　＊　＊　＊　＊

⑤「体調が良くない」は「痛い」を使ってあらわします．「〜くて」は話しことばに，また「〜ている」はここでは進行形にしてみましょう．

⑥「３人」は固有数字で「３つ」と言えばよいです．

⑦「開始」は「始める，始める」に含まれる漢字語「始作」を使います〔▷p.81, p.85〕．

⑧⑨⑩⑫いずれも進行形にする必要はありません．

⑩はハンダ体平叙形を使ってみましょう．

⑪「誰かが」は「誰が」と同じ形です〔▷p.56〕．

- 115 -

第13課 語学センターの面接試験 ―漢字の音読みと訓読み―

美愛さんは韓国に留学に来ました. 大学の語学センターの編入試験で面接を受けています.

先　　生：日本の女性の名前にもミの字❹が入るのが多いですよね？

美　　愛：はい，私の漢字❹名は美しい美❹に愛の愛❹を書きます.

先　　生：いいお名前ですね．美愛さん今何年生ですか？

美　　愛：英文科の３年生です．韓国の年で２２歳❷です.

先　　生：ええ．それで朝鮮語はなぜ？専攻しているのでもないのに.

美　　愛：私の母が昔韓国に留学した❼ことがあるんですけど，ときどきそのときの話を聞かせてくれるんですよ❶.

先　　生：お母さまから❽韓国の話を聞くって？

美　　愛：はい，そうするうちに私も興味が生じて朝鮮語の勉強を始めたんですが，始めたとたんに❾朝鮮語にハマったんです.

先　　生：なるほど.

美　　愛：私もいつか❻韓国で暮らしてみたいと思うようになって，留学させて❶ほしいと両親に話しました.

先　　生：それで留学に来た，という話ですね．お母さまが美愛さんを韓国に留学に来させた❶わけね❸．お母さまがとてもお喜びになったでしょうね❺.

❶ 態と使役形

「～する」に対する「～される」や「～させる」のうち，前者に関しては第９課で学びました．ここでは後者，つまり使役形を作る方法を説明します.

Ⓐ 受身と同じく第Ⅰ語基に −이−，−히−，−리−，−기− のいずれかをつけて使役をあらわすことができます（不規則用言の場合の形の作り方も受身形と同じです〔▷p.84〕）．どれをつけるかは動詞によって決まっていて，勝手につけることはできません．決まった形

を覚えるしかありません．第9課で学んでいないものをここでいくつか追加しておきます．

㋐ 죽이다	[動] 殺す
㋑ 맞히다 /마치다/	[動] 当てる
㋒ 입히다	[動] 着せる，履かせる
㋓ 돌리다	[動] 回す
㋔ 신기다	[動] 履かせる

Ⓑ Ⅰ-게 が動詞にも用いられることを学びましたが〔▷p.67〕，このあとに 하다 あるいは 만들다 を続けることで「～させる」をあらわします．

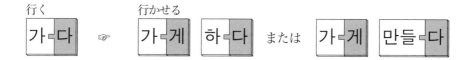

《参考》Ⅰ-게 하다 よりも Ⅰ-게 만들다 の方が積極的に相手に働きかけるニュアンスをともなうようです．만들다 を使役に用いるのは英語 *make*《作る，させる》と似ていますね．

Ⓒ 「名詞＋하다」からなる「～する」をあらわす動詞の中には「名詞＋시키다」で使役の意味をもつようになるものがあります．

㋕ 시키다	[動] させる，注文する

■**練習1**■　次の文を読み，日本語に訳してみましょう．
①아이한테 양말 좀 **신겨 주세요**.　②아이한테 바지 좀 **입게 해 주세요**.
③이게 하나에 얼만지 **맞혀 볼래요?**　④서점에서 시간을 좀 **죽이고** 왔어요.
⑤**기다리게 해 드려서** 죄송합니다.　⑥남자 친구가 다른 남자 못 **만나게 만들어**.
⑦여기가 양반 집이라는데 **구경시켜 줄 수 있을까요?**
⑧그 교수님께 말씀 잘 드리면 **입학시켜 준다고** 들었는데 그건 물론 사실이 아니죠?

《参考》 -이-，-히-，-리-，-기- の形をもつ動詞とⅠ-게 하다 の両方が使える場合は，前者は動作の及ぼし方が直接的，後者は間接的であるというニュアンスの差があります．

❷ 2ケタの固有数字

2ケタの固有数字を既習のもの〔▶p.88, p.101〕を含めて11から20までを示します.

つづり	열 하나	열 둘	열 셋	열 넷	열 다섯
	열 여섯	열 일곱	열 여덟	열 아홉	스물
発音	/여라나/	/열뚤/	/열쎋/	/열렏/	/열따섣/
	/열려섣/	/여릴곱/	/열려덜/	/여라홉/	/스물/

　終声を/ㄹ/で発音する固有数字は続く子音字を濃音で発音する〔▶p.87〕ので 열 둘, 열 셋, 열 다섯 は一の位が濃音化し, 열 넷 は流音化〔▶p.69〕のため/열렏/と発音します. また 열 여섯 と 열 여덟 は「ヤ行音のニャ行音化」〔▶p.128-129〕に流音化が重なります (ただし 열 일곱 はふつう/열릴곱/ではなく/여릴곱/と連音します).

　21からは 스물 하나, 스물 둘 のように続きますが〔▶p.101〕, 스물 も/ㄹ/で終わるので, 上で説明した一の位の数字と同じ発音変化が起き, 31からは十の位がすべて/ㄴ/で終わるので一の位が 여섯, 여덟 の場合に「ヤ行音のニャ行音化」が起きます.

　《参考》 여덟《8つ》は 여덟은, 여덟입니다 など連音の際にルール上は/여덜븐/, /여덜빔니다/ となるはずですが, 実際には/여더른/, /여더림니다/ と発音されます〔▶p.61〕.

㋖ 서른	[数] 30	
㋗ 마흔	[数] 40	
㋘ 쉰	[数] 50	
㋙ 예순	[数] 60	
㋚ 일흔	[数] 70	
㋛ 여든	[数] 80	
㋜ 아흔	[数] 90	

　日本語の固有数字は「とお」までですが, 朝鮮語では 아흔 아홉《99》で数えることができます. そのためもあって日本語よりも固有数字を用いるケースが日本語より多いです.

《参考》「～個」,「～回」,「～時」,「～時間」などは日本語では漢数字を用いますが,朝鮮語では固有数字を用いますね〔▶p.86-88〕.

固有数字で100以上の数を数える場合, 百以上の位を漢数字, 十の位と一の位を固有数字で, たとえば천 이백 서른 넷《1234》のように言います. 2ケタの数字の十の位だけ漢数字を用いた오십 다섯《55》のような言い方もありますが, 標準的ではありません.

■**練習2**■ 次の数字を固有数字と漢数字で発音してみましょう.　

①23　　　②37　　　③41　　　④56　　　⑤62
⑥79　　　⑦88　　　⑧94　　　⑨115　　　⑩5334

年齢は特に二十代ぐらいまでは日常的には固有数字を用いてあらわします. 「歳」は漢数字には세, 固有数字には살を用いるのが原則ですが, 両者とも省略することが可能です〔▶p.100-101, p.103〕. 스물は単位が続く場合스무となることに注意してください.

ㅌ	스무	[数] 20〔単位の前で〕
ㅍ	살	[名] ～歳
ㅎ	세	[名] ～歳【歳】

■**練習3**■ 次の文を読み, 日本語に訳してみましょう.　

①올해 한국 나이로 **20살**이에요.　　②서울역에는 **19시 20분**에 도착합니다.
③우리 할머니는 이제 **80세**가 되셨지만 감기 한번 걸리신 적이 없습니다.

❸「～わけだ, ～ようなものだ」

連体形に「計算, 勘定」を意味する名詞셈を続けた形があり, 「～するわけだ, ～するようなものだ」や「～したわけだ, ～したようなものだ」などの意味をあらわします.

ㅋ	셈	[名] 勘定, 計算

■**練習4**■ 次の文を読み, 日本語に訳してみましょう.

①전공 수업은 거의 다 **들은 셈**이에요. ②댄스를 배운 지 이제 **1년**이 **되는 셈**이다.

❹ 漢字の音読みと訓読み

日本語の漢字には音読みと訓読みがあり（例：「手」の音は「シュ」，訓は「て」）両者とも漢字で書くことができますが，朝鮮語では漢字で書くことができるのは音読みだけです．ただし慣用的に用いられる訓読みがあり，同音の漢字を特定するときなどに用いられます．

　《参考》「학생 식당에서 점심을 먹었다」《学生食堂で昼食を食べた》の前半を「學生 食堂에서 點心을」とは書けるが後半を「食었다」などとは書けないということです．もっとも現在では固有名詞を除けば日常的な表記に漢字がまじることはほとんどありません．

　訓読みは，その漢字が「食」のように用言であれば먹을 식《たべるショク》のようにふつう未来連体形Ⅱ－ㄹを用いてあらわし（「大」は例外的にⅡ－ㄴを用いて큰 대《おおきいダイ》），「国」のように体言であれば나라 국《くにコク》のようにあらわします．また訓読みには後ろに자《字》（単独では用いない）をつけていうことがあります．

■練習5■　次の文を読み，日本語に訳してみましょう．　

　①미에 씨 이름은 한자로 어떻게 써요? ―**아름다울 미**에다가 **사랑 애**를 써요．

　②이건 **열 십 자**가 아니라 일본 글자의 "나"예요. 제가 글씨를 잘 못 써서 죄송해요．

　③"내일"의 **내 자**가 **올 래 자**가 맞죠?　④요즘 **아들 자 자** 쓰는 여자 이름 거의 없어．

ㅌ 한자 /한짜/	[名] 漢字【漢字】
ㅌ 아름답다	[形] 美しい［ㅂ不規則］
ㅏ 미	[名] 美【美】〔漢字の音読み〕
ㅕ 사랑	[名] 愛
ㅣ 애	[名] 愛【愛】〔漢字の音読み〕
ㅈ 글자 /글짜/	[名] (体系としての)文字【・字】
ㅊ 글씨	[名] (書かれた姿としての)文字

　《参考》자《字》やこれを含む한자《漢字》などの単語は자が濃音で発音されます．「～の字」の意味をもつためと思われます〔▷p.61, p.100-101〕．なおこのように漢字の音読みを示す場合は単語の先頭で初声のㄹとㄴが消える現象〔▶p.99〕は起きません．

5 形容詞から動詞をつくる・その2

　「痛い」に対する「痛がる」のように，感覚をあらわす形容詞，存在詞から「そう思う（〜がる）」という意味の動詞を，形容詞の第Ⅲ語基と−하다を組み合わせて作ります．

■**練習6**■　次の文を読み，日本語に訳してみましょう．

　①선물을 받은 아이들이 **기뻐하는** 모습을 보니까 저도 기뻐집니다.

　②그 선생님을 **안 좋아하는** 선생님도 많아요. 그런데 사실은 저도 정말 **싫어합니다**.

| ㄹ | 기쁘다 | [形] うれしい |
| ㅁ | 싫다 | [形] いやだ |

6 疑問詞につく「〜か」

　朝鮮語の疑問詞は，「何」と「何か」が同じ 무엇 であらわされるように，「〜か」を含む意味も同じ形であることを学びました〔▷p.56〕．ただし「〜か」を強調する場合，疑問詞にあるいは指定詞−이다と疑問形語尾Ⅱ−ㄴ가〔▷p.64−65〕を組み合わせた−인가を続けることがあります．つまり「何か」は 무엇 のほか 무엇인가 とも言えるのです．

　　《参考》疑問詞に助詞がついた後ろに−인가が続くことがあります．終声字のない疑問詞（＋助詞）はふつう−인가の−이が省略されて−ㄴ가となります〔▶p.85, p.144−145〕.

■**練習7**■　次の文を読み，日本語に訳してみましょう．

　①나도 그 때 삼만 **얼만가** 냈어요.　　②**누군가** 좋은 사람을 만날 수 있을 것 같아.

　③**언젠가 무언가에** 빠져 보고 싶어요.　④**언제부턴가** 전 한국에 관심이 생겼습니다.

ㅂ	빠지다	[動] 抜ける，溺れる，ハマる
ㅅ	관심	[名] 関心【関心】
ㅇ	생기다	[動] 生ずる，できる

❼ もう１つの過去連体形・その２

第10課で学んだⅠ－던〔▷p.96〕はⅢ－ㅆ－と組み合わせることが可能です（これをⅢ－ㅆ던であらわすことにします）．Ⅲ－ㅆ던はその動作などの結果が今は残っていないことをあらわすのに用いられます．Ⅲ－ㅆ었－〔▷p.59〕の意味をもつ連体形だといえます．

動詞以外に用いられたⅢ－ㅆ던はⅠ－던とほとんど同じ意味で用いられます．実際には特に形容詞，指定詞の場合，Ⅰ－던よりもⅢ－ㅆ던の方が多く用いられるようです．

■**練習8**■ 次の文を読み，日本語に訳してみましょう．
①아까 **오셨던** 그 분 성함이 뭐였죠？ ②중학생 때 미국에 **살았던** 적이 있습니다.
③**생각했던** 것보다 요금이 비싸네요. ④받아서 제일 **기뻤던** 선물이 어떤 거예요?

❽ 助詞「〜から」

助詞－에《に》が人や動物をあらわす名詞のあとで－에게となり，話しことばに－한테という形があるのはすでに学んでいます〔▶p.82〕．同じように－에서《から》は人や動物をあらわす名詞のあとで－에게서を用います．話しことばとして－한테서があります．

㈜ －에게서	［助］〜から〔人や動物に〕
㋪ －한테서	［助］〜から〔人や動物に；話しことば〕

■**練習9**■ 次の文を読み，日本語に訳してみましょう．
①오랜만에 옛날 여자 친구**한테서** 편지를 받았어요.
②우리 반 수업은 김현철 선생님**에게서** 배우게 되어 있습니다.
③그건 옆 집 아주머니**한테서** 들었어. ④잘 모르는 사람**에게서** 가끔 연락이 온다.

㈊ 옛날	［名］昔
㈐ 가끔	［副］時折，時々

《**参考**》日本語でも「先生から習う」を「先生に習う」とは言えますが，朝鮮語では日本語では「〜に」で言えない「〜から連絡が来る」なども含めて－에게，－한테を用いることが可能です．そのため「〜に」なのか「〜から」なのか意味があいまいになることがあります．

9 接続形「〜するやいなや」

「〜するやいなや，〜したとたんに」をあらわすのがⅠ−자마자です．

《参考》Ⅰ−자마자はⅠ−자《〜するや》（勧誘形とは別です）と마자《いなや》を組み合わせたものです．마자は禁止形말다〔▷p.22〕にⅠ−자がつき，リウルが消えたものです．

■練習10■ 次の文を読み，日本語に訳してみましょう．
①고향 집을 **보자마자** 옛날 생각이 났다.
②영문과에서는 **입학하자마자** 전공 수업을 듣게 됩니다.
③그 사람은 남자 친구가 **생기자마자** 우리랑 같이 안 놀게 됐어요.

선생님 : 일본 여자 이름에도 미 자가 들어가는 게 많죠?
미　에 : 네, 제 한자 이름은 아름다울 미에 사랑 애를 써요.
선생님 : 이름이 좋네요. 미에 씨 지금 몇 학년이에요?
미　에 : 영문과 3학년이에요. 한국 나이로 22살입니다.
선생님 : 네. 근데 한국어는 왜요? 전공하는 것도 아닌데.
미　에 : 저희 어머니가 옛날에 한국에 유학하셨던 적이 있는데요, 가끔 그 때 얘기를 들려 주시거든요.
선생님 : 어머님한테서 한국 얘기를 듣는다고?
미　에 : 네, 그러다가 저도 관심이 생겨 가지고 한국어 공부를 시작했는데 시작하자마자 한국어에 빠졌어요.
선생님 : 그렇군요.
미　에 : 저도 언젠가 한국에서 살아 보고 싶다는 생각이 들어서 유학시켜 달라고 부모님께 말씀드렸어요.
선생님 : 그래서 유학을 왔다, 이 말이군요. 어머님께서 미에 씨를 한국에 유학을 오게 만든 셈이군요. 어머님께서 아주 기뻐하셨겠어요.

第14課　台湾人クラスメートとともに　―「～して」のさまざまな用法―

美愛さんは台湾人クラスメートの陳怡君さんと映画を見に行くことになります.

美　愛：うちのクラスは1級から続けて❷勉強してきた❺学生が多い
　　　　ようね. 怡君（いくん）さんもそうなんでしょ？

怡　君：先学期に来たのよ. ここで3月（みつき）❽のあいだ❻習ったの.

美　愛：3ヶ月❽しか⓫習ってないの？ 朝鮮語ほんとにじょうずね❼.

怡　君：いいえ, 私は朝鮮語科で勉強したのよ.

美　愛：それでじょうずなんだ. 朝鮮語はなんで専攻したの？

怡　君：私は台湾にいるときから韓国映画が好きだったの. ホント
　　　　に見ごたえのある❾映画が多いのよ❿. 韓国にいるあいだ❻
　　　　映画館にたくさん通ってみるつもり.

美　愛：私もいちど映画館で映画見なくちゃいけないわね⓫.

怡　君：私今日の午後友だちと明洞に行って映画見ることになって
　　　　るの❶. 忙しくなければ美愛さんも一緒に行きましょう！

美　愛：ええ！ いっしょに行くわ. でも明洞はどう行くの？

怡　君：東大門を通って❸行くのが楽よ. 私たち地下鉄に乗って❹行
　　　　けばいいでしょ. あるいは⓫バスに乗って❹行ってもいいし.

美　愛：じゃあ留学生会館で待ち合わせて❹一緒に行きましょう.

❶「～することになる」

　「～することにする」をあらわすⅠ－기로 하다〔▷p.48〕の 하다를 되다《なる》に変えることで「～することになる」をあらわします.

■練習1■　次の文を読み, 日本語に訳してみましょう.
　①손님께는 죄송하지만 식사는 객실이 아니라 식당에서 **하시기로 되어 있습니다.**
　②옛날 한국에서는 7살이 되면 남녀가 자리를 **같이하지 않기로 되어 있었다고 한다.**

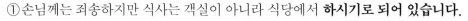

② 副詞形を作る「～して」

日本語の「したがう」が「したがって」になるように，用言が「～して」の形で状況をあらわす副詞形として用いられることがあります．英語などと同じく文全体を修飾する場合もあります．朝鮮語ではこれをⅢ−서であらわします．

《参考》これは「手段，状況をあらわす用法」〔▷p.98〕と隣り合わせだといえます．−에비해서《～に比べて》，−에 대해서《～について》，−에 관해서《～に関して》，−를/을 위해서《～のために》もこの用法に含まれると考えられます〔▷p.52，p.95，p.108〕．これらを含め本項目のⅢ−서も書きことばⅢ−Ø〔▷p.83〕に置き換えることが可能です．日本語の「したがって」が「したがい」になるようなものです．なお 따르다《従う，つく》は他動詞ですが〔▷p.99〕，この用法では練習2①のように「～に」を用います．

■**練習2**■　次の文を読み，日本語に訳してみましょう．
　① 같은 급이라도 반에 **따라서** 쓰는 교과서가 다릅니다.
　② **계속해서** 이미선 선생님의 인사 말씀이 있겠습니다.
　③ 우리에게 **있어** 한국어는 배우기 쉬운 외국어의 하나입니다.
　④ 솔직히 **말해서** 가을 학기에는 듣고 싶은 수업이 거의 없어요.
　⑤ 그럼 **조심해서** 갔다 오세요.　　　⑥ 그렇다고 **해서** 너무 어렵지는 않습니다.

㉠ 급	[名] 級，レベル【級】

③ 「～を通って」

Ⅲ−서の慣用的な用法のひとつに，経由をあらわす「～を通って」があり，−로/−으로해서であらわします．−를/−을ではなく−로/−으로を用いることに気をつけましょう．

■**練習3**■　次の文を読み，日本語に訳してみましょう．
　① 여기까지 어떻게 왔어요? ─ 명동**으로 해서** 왔습니다.
　② 아저씨, 청량리**로 해서** 동대문까지 가 주세요.

㉡ 명동	[名] 明洞【明洞】〔ソウルの地名〕
㉢ 동대문	[名] 東大門【東大門】〔ソウルの地名〕

❹ 他動詞に用いられる「～して」

前半に第Ⅲ語基（正確にはⅢ-Ø），後半に가다または오다を用い，前半の動作の結果生じた目的語をともないつつ「いく，くる」という動作が行なわれることをあらわす合成動詞を学びました〔▷p.72-73〕．これと同じように「～して」の動作の結果生じた目的語をともないつつ次の動作が行なわれる場合，「～して」にはⅢ-서を用います．

《**参考**》「～して」を用いる用言の目的語とその次に続く用言の目的語が一致する場合，つまり「～して，その～を～する」あるいはそれに準ずる「～して，それを用いて／たずさえて～する」と言える場合がⅢ-서のこの用法の典型的な例です．

■**練習4**■　次の文を朝鮮語で書いてみましょう．

① 本は**買って**読むのがいいですよ．　② はがきを**書いて**すぐに郵便局に行きました．
③ 写真を**撮って**お見せいたします．　④ お金を**貯めて**マンションを買いたいそうだ．
⑤ 昼ごはんは海苔巻きを**作って**食べた．　⑥ 教室にスマホを**置いて**きてしまいました．
⑦ 久しぶりに留学生会館に行って怡君さんに**会って**きました．
⑧ 留学生会館で怡君さんに**会って**いっしょに映画を見に行きました．

〼　이군　　　　　　　　　　〔名〕怡君【怡君】〔台湾人女性の名〕

《**参考**》Ⅲ-서の用法は本課以外では「理由」をあらわす場合〔▶p.131〕，「変化」をあらわす動詞を用いる場合〔▷p.66〕，「手段，状況」をあらわす場合〔▷p.98-99〕を学びました．いずれの場合もⅢ-서の機能は**２つの用言を何らかの関連性のもとに「つなぐ」**ことだといえるでしょう．一方Ⅰ-고は一言でいえばⅢ-서を用いる条件を満たしていない場合に用います．Ⅰ-고の機能は**２つ（以上）の用言を単に「並べる」**ことだといえるでしょう．

このルールには例外があります．들다《持つ》，입다《着る》などは「動作の結果生じた目的語をともないつつ次の動作が行なわれる」ことになりますが，「持って」や「着て」にはⅠ-고を用います．「～ている」が動作の終了後を状況をあらわす他動詞（日本語で考えればけっこうです〔▷p.20-21〕）で多くの場合こうなります．

《**参考**》他動詞では動作終了後の状況をあらわす「～している」にⅢ-Ø 있다ではなく〔▷p.20-21〕Ⅰ-고 있다が用いられることと関係がありそうです．持った状態の「持っている」，着た状態の「着ている」はそれぞれ들고 있다，입고 있다であらわされます．

■**練習5**■ 次の文を朝鮮語で書いてみましょう.

①旅行カバンを**持って**行ったり来たりするのはたいへんでしょう?

②先生がその本を**持って**見せてくれた. ③明洞は地下鉄に**乗って**行くのがよさそうだ.

④靴を**履いて**中へ入ったらいけません. ⑤今日はスカートを**履いて**出かけようかな?

⑥あなたが**着てる**服いくらで買った? ⑦今電車に**乗ってる**からあとで電話するね.

《**参考**》「乗る」は朝鮮語では他動詞であり, 「行く」という動作は「乗る」の目的語をともなって行なわれます. また「持つ」などこのパターンの動詞でも 2 つの動詞の目的語が一致する場合Ⅲ−서が用いられることも少なくないようです.

---

⑤ 動作の経過をあらわす「〜していく, 〜してくる」

たとえば「少しずつ読んでいきましょう」や「寒くなってきましたね」のように「〜していく」や「〜してくる」には時間的な経過をあらわす用法があります. 朝鮮語ではこれをⅢ−∅ 가다, Ⅲ−∅ 오다であらわします. これらの「〜していく」や「〜してくる」は 2 単語と見なされるので, 「入っていく」〔▷p.33〕や「買ってくる」〔▷p.72−73〕とは異なり分かち書きをするのがルールです.

■**練習6**■ 次の文を読み, 日本語に訳してみましょう.

①우리는 보다 좋은 사회를 같이 **만들어 가야 합니다.**

②저하고 그 대만 유학생은 지난 학기부터 계속 같은 반에서 **공부해 왔습니다.**

㉮ 대만	[名] 台湾【台湾】
㉯ 지나다	[動] 過ぎる

---

⑥ 「〜のあいだ, 〜するあいだ」

名詞の後ろに続く 동안《あいだ》は濃音で発音されます〔▷p.61, p.100−101〕. なお用言を用いた「〜するあいだ」は Ⅰ−는 동안であらわします

■**練習7**■ 次の文を読み, 日本語に訳してみましょう.

①1년 **동안** 대만에서 공부할 겁니다. ②난 비행기를 **타는 동안** 계속 자기만 했다.

③비가 **지나가는 동안** 카페에서 잠시 쉬기로 했어요.

７ 婉曲をあらわす形のそのほかの意味・その２

婉曲をあらわす I −는데, II −ㄴ데は状況によってさまざまな意味をあらわすことを学びましたが〔▷p.109〕, この形は感嘆の意味をもつことがあります.

■**練習８**■ 次の文を読み, 日本語に訳してみましょう.

　①오늘 정말 **추운데**.　　　　　　②그 사람이 대만 사람**인 줄 몰랐는데**.

８ 単位とともに用いられる漢数字と固有数字

日本語と同じく朝鮮語にも漢数字と固有数字があり, 特に単位とともに用いる場合, どちらと組み合わせるかが習慣的に決まっていることをすでに学んでいます. いままでに学んだ単位のうち, Ａは固有数字につくもの, Ｂは漢数字につくものです.

　Ａ: 개《個》, 명《人》, 번《回》, 시간《時間》, 시《時》, 분《方》, 장《枚》, 살《歳》
　Ｂ: 반《組》, 학기《学期》, 월《月》, 일《日》, 원《ウォン》, 학년《年生》, 교시《限》, 년《年》, 분《分》, 층《階》, 호실《号室》, 호선《号線》, 세기《世紀》, 세《歳》, 급《級》

年齢を数える「〜歳」にふたつの言い方があり, 固有数字には固有語の単位が, 漢数字には漢字語の単位がつくことを前課で学びました〔▷p.119〕. 似た例として, 月の数え方をあげておきましょう.

ㅋ 개월	[名]〜ヶ月【個月】
ㅋ 달	[名]〜月（つき）
ㅋ 석	[数] み〜
ㅋ 넉	[数] よ〜

개월は漢数字, 달は固有数字とともに用います. 固有数字では「みつき, よつき」のみ석 달, 넉 달という特別な形が正しいとされています（세 달, 네 달とも言います）.

　ところで, Ｂつまり漢数字を用いると分類された単位に固有数字が用いられることがあり, 학기《学期》, 반《組, クラス》などがそれにあたります. これは用法の違いで, たとえば「１学期は４月, ２学期は10月に始まる」のような場合は일 학기, 이 학기と言いま

すが, 「1学期あたりの授業料」のような場合は 한 학기 となります. つまり量を数える場合は固有数字を使うわけです.

同じく「1年1組」が일 학년 일 반である一方で, 「1学年あたりのクラス数」の「1学年」は 한 학년, 「1クラスあたりの学生数」の「1クラス」は 한 반と言います.

《参考》2つの用法がある学期《学期》, 반《組, クラス》などは「第」をつけられる（＝量ではなく順序をあらわす）場合に漢数字を用いると判断できます. 未習の単語ページ《ページ》を含みますが다섯 페이지를 읽다と오 페이지를 읽다の違いを考えてみましょう.

よく用いられる単位をあげておきましょう. いずれも固有数字とともに用いられます.

| ㅅ | 잔 | [名] コップ, 〜杯【盞】 |
| ㅈ | 마리 | [名] 〜匹, 〜頭, 〜羽 |

■**練習9**■ 次の文を読み, 日本語に訳してみましょう.

① 커피 **석 잔**이랑 홍차 **한 잔** 주세요. ② 바쁘지 않으면 저녁에 **한잔** 할까요?

③ **한 반**에 학생이 **열 네 명** 있습니다. ④ 맛있는 **닭한마리** 집이 동대문에 있대요.

⑤ 아이가 이제 **사 개월**이 됐어요. ⑥ **넉 달** 전부터 독일어를 배우고 있어요.

⑦ 사회학 수업은 **이 학기**에만 있어요. ⑧ 우린 한국에서 **두 학기** 동안 공부합니다.

⑨ 우리 신문의 역사가 **한 세기**가 된다. ⑩ **십사 층**이니까 **세 층** 더 올라가야 돼요.

《参考》잔《〜杯》も석 잔《3杯》, 넉 잔《4杯》, 장《〜枚》〔▷p.74〕も석 장《3枚》, 넉 장《4枚》となりえます. 単位の初声字がㄷ, ㅈなどの場合に起きうる現象です.

❾ 「〜にあたいする」

形容詞만하다《あたいする》をⅡ-ㄹに続けることで「〜するにあたいする」をあらわします. 만하다はまた用言の連体形以外に続くこともあり, 「あたいする」つまり「〜に相当する, 〜ほどだ」をあらわします.

■**練習10**■ 次の文を読み, 日本語に訳してみましょう.

① 대만에는 **먹을 만한** 음식이 많죠? ② 서울 시내 **구경할 만한** 곳을 알려 주세요.

③ 크기는 이 **만한** 게 제일 좋아요. ④ 찾아 봤는데 그 사람 **만한** 사람이 없어요.

⑩ 体験をあらわす形・その１

体験したできごとを思い出しながら話す場合に用いる I －더라という語尾があります. 文法的には過去形ではないのですが「〜したよ, 〜だったよ」などと訳されることが多いです. この語尾はハンダ体なので, 間接話法として I －더라고 하다 という形を作ることができ, その後半を省略した I －더라고 または I －더라고요 という形があります. これらの間接話法はほとんどの場合「引用」の意味をもちません.

《参考》 I －더라と I －더라고に意味の違いは特になく, また「ですます形」はハンダ体から直接作ることができないので, I －더라고に－요をつけてあらわすわけです.

■練習11■ 次の文を読み, 日本語に訳してみましょう.　
　①그 고깃집 처음 가 봤는데 **맛있더라**.　②걸어오니까 세 시간이나 **걸리더라고요**.
　③눈이 많이 오는데 우산이 **없더라고**.　④대만어도 배워 봤는데 **재미있더라고요**.

⑪ 否定の表現いくつか

漢字「外」が「そと」とも「ほか」とも読めるように, 밖《外》にも両方の意味があります. 名詞に밖에を続けて「〜のほかに」をあらわします. 後ろに否定形が続くと「〜のほかに〜しない」, つまり日本語の「〜しか〜しない」に相当します. なお II －ㄹ 수に밖에を続けて「〜するしか」をあらわすこともできます.

《参考》この意味での밖에は助詞のように扱われるので, 名詞のあとにつけて書きます.

■練習12■ 次の文を読み, 日本語に訳してみましょう.　
　①텔레비전은 뉴스**밖에** 안 봅니다.　②한국 요리는 불고기하고 찌개**밖에** 몰라요.
　③저는 형제는 형 하나**밖에** 없어요.　④남녀가 같이 살면 그렇게 **될 수밖에** 없죠?

「〜しなければならない」は III －야 되다あるいは III －야 하다であらわせますが〔▶p. 156〕, 日本語と同じく二重否定を用いた I －지 않으면 안 되다 という言い方もあります.

■練習13■ 次の文を読み, 日本語に訳してみましょう.　
　①공부는 **계속하지 않으면 안 됩니다**.　②이 프로그램은 꼭 **보지 않으면 안 됩니다**.
　③그런 생각은 **버리지 않으면 안 된다**.　④지금 좀 바쁜데 같이 **안 가면 안 되나요**?

指定詞아니다《～でない》にⅡ－면をつけた아니면を用いて「～でなければ」，つまり「それとも」や「あるいは」をあらわすことができます.

■**練習14**■ 次の文を読み，日本語に訳してみましょう.

①커피 마실래? **아니면** 홍차?　　　②내일 **아니면** 모레까지는 꼭 내겠습니다.

③우리 극장에 갈까요? **아니면** 어디 쇼핑이나 하러 갈까요?

④서울은 버스가 편해요? **아니면** 지하철이 편해요?

| ㅈ 극장 | [名] 劇場, 映画館【劇場】 |
| ㅊ 편하다 | [形] 楽だ【便‥】 |

미　에 : 우리 반은 1급부터 계속해서 공부해 온 학생이 많은 모양이네요. 이군 씨도 그런 거죠?

이　군 : 전 지난 학기에 왔어요. 여기서 석달 동안 배웠어요.

미　에 : 3개월밖에 안 배웠어요? 한국말 정말 잘 하는데요.

이　군 : 아니에요. 저는 한국어과에서 공부했어요.

미　에 : 그래서 잘 하는구나. 한국말은 왜 전공했어요?

이　군 : 전 대만에 있을 때부터 한국 영화를 좋아했거든요. 정말 볼 만한 영화가 많더라고요. 한국에 있는 동안 극장에 많이 다녀 볼 거예요.

미　에 : 나도 한번 극장에서 영화 보지 않으면 안 되겠다.

이　군 : 저 오늘 오후에 친구랑 명동에 가서 영화 보기로 돼 있어요. 바쁘지 않으면 미에 씨도 같이 가요!

미　에 : 네! 같이 갈게요. 근데 명동은 어떻게 가요?

이　군 : 동대문으로 해서 가는 게 편해요. 우리 지하철 타고 가면 되죠. 아니면 버스 타고 가도 되고요.

미　에 : 그러면 유학생 회관에서 만나서 같이 갑시다.

第 **15** 課　明日のために乾杯　―用言の体言形・2―

映画を見終わり，怡君さん，その友だちの王家豪さんとひとしきり話したあと食事をします．

家　　豪：<u>映画見おわってみると</u>❶どうですか？

美　　愛：ええ，とても<u>面白かったです</u>❸．でも聞き取れないことばが
　　　　　多くて…．よく聞き取るにはどんな練習が必要でしょうね？

怡　　君：私は寮の部屋で時間があるたびに<u>テレビを見たり</u>❼，でな
　　　　　ければラジオを聞いてる．ただ<u>つけておくだけだけど</u>❹ず
　　　　　いぶん<u>ため</u>❻になるみたいよ．

家　　豪：やはり韓国の友人を作るのがいちばんいいと思いますよ．

怡　　君：韓国人と外国人が交流するサークルがあるの．私も<u>入ろう
　　　　　かと思うんだけど</u>❷，<u>来週</u>❿<u>集まり</u>❻があるんだって．

美　　愛：それいいわねえ．私も<u>連れていってくださいよ</u>❽．

怡　　君：もちろん．さて私たちおいしいもの食べに<u>行かなきゃね</u>❺．

　　　　　　　　＊　　　＊　　　＊　　　＊

怡　　君：家豪さん，今日はお兄さんがおごってくれるんでしょう？

家　　豪：<u>そうしなきゃね</u>❺．さあ，私たちまず乾杯しましょう．

美　　愛：はい，それでは，私たちの<u>明日</u>❿の<u>ために</u>❾！

全　　員：<u>乾杯</u>❾！

---

❶ 動作の完了を強調する形

「～して」をあらわすにはおもにⅠ－고とⅢ－서が用いられます．今までこの２つの使い
分けを含めて学んできました〔▶p.79-80, p.131, ▷p.66, p.98-99, p.125-127〕．
「～して」でつながる２つの動作は「歩いて行く」のようにいわば同時並行的に行なわれる
場合と，「食べて行く」のように１つの動作が終わったあとに次の動作が始まる場合があ
ります．後者の意味であることをはっきりあらわすために日本語では「食べてから行く」と
言えますが，Ⅰ－고 나다がこれに該当する形です．

《参考》Ⅰ-고 나다と組み合わさる接続形語尾は限られていて，ふつうに用いられる形としてはⅠ-고 나서，Ⅰ-고 나면，Ⅰ-고 나니까，Ⅰ-고 난ぐらいしかありません.

■**練習1**■　次の文を読み，日本語に訳してみましょう.

①우리 넷은 낮 1시에 도서관 앞에서 **만나고 나서** 같이 야구장으로 갔다.

②마트에 가서 필요한 것들을 한번에 **사고 나니까** 돈이 거의 안 남더라고요.

③내년에 대학교를 **졸업하고 나면** 어떤 일을 할 생각이에요?

④이 약은 꼭 **식사하고 난 후에** 먹어야 됩니다.

⑤텔레비전에서 한국 드라마를 다 **보고 나니까** 밤 12시가 되어 있었다.

㉐ 필요하다　　　　　　　　[形] 必要だ【必要・・】　[하不規則]

《参考》Ⅰ-고 나니까のⅡ-니까は「～すると，～したら」の意味です〔▷p.39〕.

2 「～しようかと思う」

「～しようかと思う」をあらわすⅡ-ㄹ까 하다という形があります. Ⅱ-려고 하다と似ていますが，Ⅱ-려고 하다には話し手の「そうしよう」という意思が感じられる一方，Ⅱ-ㄹ까 하다はどうしようか迷っているような感じがします.

Ⅱ-ㄹ까 하다は意向をたずねる疑問形Ⅱ-ㄹ까に由来する形で，Ⅱ-ㄹ까に推量の意味があるように，Ⅱ-ㄹ까 하다も推量の意味を持つことがあります. なおⅡ-ㄹ까はⅡ-려고 하다と同じく하다のかわりに그러다を用いることができます.

《参考》Ⅱ-ㄹ까 하다は推量の意味ではⅠ-지 않을까 하다のように否定形で用いられることが多いようです.

■**練習2**■　次の文を読み，日本語に訳してみましょう.

①기타나 **배워 볼까 해요**.　　　②유학생 교류 동아리에 **들어갈까 합니다**.

③물냉면 **시킬까 하는데** 괜찮아요?　④내년부터 캐나다에서 **공부할까 그럽니다**.

⑤역시 읽는 연습도 **필요하지 않을까 하는데요**.

㉑ 교류　　　　　　　　　　[名] 交流【交流】

㉒ 연습　　　　　　　　　　[名] 練習【練習】

3 体験をあらわす形・その2

前課では体験したできごとを思い出しながら話す場合に用いる Ⅰ－더라 という形を学びました〔▷p.130〕．この語尾に含まれる －더－ という形が体験をあらわします．この形を含む語尾がほかにもあります．そのいくつかをあげておきましょう．

<blockquote>

Ａ Ⅰ－던데요：Ⅱ－ㄴ데요と －더－ の組み合わせからなります．

Ｂ Ⅰ－던가요：Ⅱ－ㄴ가요と －더－ の組み合わせからなります．

Ｃ Ⅰ－더군요：Ⅰ－군요と －더－ の組み合わせからなります．

</blockquote>

Ⅱ－ㄴ데요，Ⅱ－ㄴ가요，Ⅰ－군요は形容詞に用いられ，動詞には基本的に Ⅰ－는데요，Ⅰ－나요（Ⅰ－는가요），Ⅰ－는군요が用いられますが，後者の Ⅰ－는데요などと －더－ の組み合わせからなる語尾は存在しないので，結果的に ＡＢＣ は品詞に関係なく用いられます．－요を省略するとパンマルになりますが，Ⅰ－더군요のパンマルには Ⅰ－더군 よりも Ⅰ－더구나が多く用いられます〔▷p.32〕．

> 《参考》Ⅰ－더라は－더－と Ⅰ－라の組み合わせからなりますが，この Ⅰ－라は指定詞の間接話法で用いるそれと同じものです〔▷p.82〕．これは指定詞に用いられる Ⅰ－다の古い形で，一部の形にのみ残ったものです．また連体形語尾 Ⅰ－던は語源的には －더－ と Ⅱ－ㄴの組み合わせからなるので，状況によっては体験のニュアンスを帯びることがあります．

■**練習3**■　次の文を読み，日本語に訳してみましょう．

① 그 책 대학 도서관에 **없던가요**? ― 많이 찾아 봤는데 **없더군요**.

② 이 기차는 프랑스에서 만들어진 거라고 **하던데요**.

4 「～だけだ」

「～だけだ」のように述語として指定詞 －이다 が続く場合は －만 ではなく －뿐 という形を用います．아니다 の場合は －만이 아니다 と －뿐이 아니다 の両者が可能ですが，これを重ねた －뿐만이 아니다 という形が多く用いられます．

「～するだけだ」のように用言に「～だけ」が続く場合も 뿐を用います（この 뿐は名詞扱いされ分かち書きされます）．用言には未来連体形 Ⅱ－ㄹ を用いて Ⅱ－ㄹ 뿐 とします．

ㅌ －뿐　　　　　　　　　　　　　　　[助] ～だけ

■**練習4**■ 次の文を読み，日本語に訳してみましょう．

①평일**만** 일해? ―응, 일하는 건 평일**뿐이야.**

②그 사실을 아는 것은 저**뿐입니다.**　③그냥 열심히 **공부할 뿐입니다.**

④내가 말을 못 **알아들었을 뿐인데.**　⑤외국어는 영어**뿐만이 아닙니다.**

ㅌ	**알아듣다**	[動] 聞き取る［ㄷ不規則］

「～だけではなく～」をあらわすには指定詞の第Ⅲ語基（正確にはⅢ－Ø）の別形 아니라 〔▷p.73〕を用いた Ⅱ－ㄹ 뿐만이 아니라 という形が多く用いられます．名詞に直接 뿐만 아니라 が続く形もあります．いずれの場合も助詞－이 は省略されることが多いです．

■**練習5**■ 次の文を読み，日本語に訳してみましょう．

①나**뿐만 아니라** 아무도 그걸 몰랐어.　②요리**뿐만 아니라** 술도 맛있는 곳입니다.

③**읽을 수 있을 뿐만이 아니라** 알아들을 수 있게 되어 왔습니다.

5 「～しなければならない」の短縮形

Ⅲ－야 하다《～しなければならない》に各種の語尾や補助語幹が組み合わさる場合，하 が省略されてその前後が直結されることがあります．おもに下の２つの形が用いられます．Ⅲ－야 하지요 がⅢ－야지요，Ⅲ－야 하겠다 がⅢ－야겠다 になります．

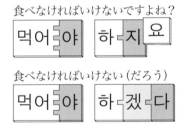

■**練習6**■ 次の文を読み，日本語に訳してみましょう．

①우리 같이 **건배해야죠?**　　　②가호 씨, 저 이제 집에 **들어가야겠어요.**

ㅋ	**건배**	[名] 乾杯【乾杯】
ㅌ	**가호**	[名] 家豪【家豪】〔台湾人男性の名〕

⑥ 用言の体言形・その2

　用言から体言形を作る方法として，連体形を用いた形Ⅰ－는 것〔▶p.110〕，Ⅱ－ㄴ 것〔▶p.145〕のほか，Ⅰ－기という形を学んでいます〔▷p.46-47〕

　これとは別の体言形にⅡ－ㅁという形があります．Ⅰ－기は多くの場合Ⅰ－는 것，Ⅱ－ㄴ 것に置き換えることができますが，Ⅱ－ㅁはⅠ－는 것，Ⅱ－ㄴ 것に置き換えが可能とは限りません．またⅠ－기とⅡ－ㅁの互いの置き換えはできません．

■ **練習7** ■　次の文を読み，日本語に訳してみましょう．
① 한국에서는 한국인이 아니라 우리가 외국인**임**을 잊으면 안 된다.
② 대학 기숙사에서 술을 마시면 **안 됨**은 물론이다.
③ 역사에 대한 생각이 나라마다 **다름**은 문제가 되는 것이 아니다.
④ 언니가 중학생 때부터 남자 친구를 **사귀고 있었음**을 아버지만 모르셨던 것이다.
⑤ 내가 지금 미국에서 공부하는 것은 그냥 영어만 배우기 **위함**이 아니다.
⑥ 그 학생은 대만에서도 아무 **불편함** 없이 잘 보내고 있답니다.
⑦ 내일은 한 분도 **빠짐** 없이 꼭 나와 주세요. 꼭요!
⑧ 여행의 **피곤함**도 잊고 우리들은 즐거운 하룻밤을 보냈습니다.
⑨ 밥도 반찬도 **남김** 없이 다 드세요.　⑩ 위 사람은 본 대학교 학생**임**을 **증명함**.

㋉ 한국인	[名] 韓国人【韓国人】〔書きことば〕
㋋ 외국인	[名] 外国人【外国人】〔書きことば〕
㋙ 기숙사	[名] 寮【寄宿舎】
㋚ 사귀다	[動] 友だちになる，つきあう

　Ⅱ－ㅁの中には完全な名詞として辞書の見出し語に載っているような例もあります．

㋝ 모임	[名] 集まり
㋧ 도움	[名] 手助け，手伝い

　《**参考**》「勘定，計算」を意味する名詞 셈〔▷p.119〕は動詞 세다《数える》に由来するものです．

■**練習8**■ 次の単語と文を朝鮮語で書いてみましょう. 15 08

①流れ　②眠り　③笑い　④痛み　⑤問い　⑥歩み　⑦美

⑧喜び　⑨生と死　⑩出会い　⑪楽しみ　⑫お知らせ　⑬学びと教え

⑭7時にサークルの**集まり**があります.　⑮**手助け**がご必要ならおっしゃってください.

⑯一人暮らしを始めてから両親の**ありがたみ**を理解できるようになりました.

❼ 選択をあらわす「〜するか〜する, 〜したり〜する」

　複数の動作を「〜するか〜する」あるいは「〜したり〜する」のように並べて表現する
場合に用いる「〜するか」あるいは「〜したり」にあたるのがⅠ−거나です. 第6課で学
んだⅠ−고 하다〔▷p.55〕が複数の動作を同時に行なう, 第11課で学んだⅢ−ㅆ다 Ⅲ−ㅆ
다 하다〔▷p.96〕が2つの動作を交替でくりかえし行なうのと比べると, Ⅰ−거나は複数
の動作のどれかを選択するというニュアンスが強いです. Ⅰ−고 하다やⅢ−ㅆ다 Ⅲ−ㅆ다
하다のように最後に하다を用いたⅠ−거나 하다という言い方も可能です.

■**練習9**■ 次の文を読み, 日本語に訳してみましょう. 15 09

①아프면 약을 **먹거나** 쉬어야 돼요.　②주말에는 쇼핑을 **하거나** 영화를 봅니다.

③기타를 **치거나** 음악을 **듣거나 해요**.　④도서관에서 책을 **읽거나** 숙제를 합니다.

⑤유학생들과 **교류하거나 하면서** 외국 문화를 배우는 동아리입니다.

❽ 合成動詞と接続形の「〜して」をともに用いる動詞

　「〜していく, 〜してくる」の「〜して」はⅠ−고を用いるもの〔▷p.66〕, Ⅲ−서を用
いるもの〔▷p.66, p.98−99, p.126−127〕, 第Ⅲ語基（正確にはⅢ−∅）を含む合成動詞
であらわすもの〔▷p.33, p.72−73, p.82−83, p.98−99〕のように大きくわかれます.

　ところで一部の動詞ではⅠ−고を用いつつ, 合成動詞でもあらわすことができます. その
動詞とは가지다《持つ》と데리다《連れる》で, ただしⅢ−서は用いません.

□ 데리다　　　　　　　　　　[動] 連れる

■**練習10**■ 次の文を読み, 日本語に訳してみましょう. 15 10

①저게 필요하신 분은 **가지고 가세요**.　②집에서 노트북을 하나 **가져올까 하는데요**.

③아이를 **데려가면** 힘들지 않을까요?　④내가 사귀는 외국인 친구를 **데리고 왔다**.

❾ 「する」の第Ⅲ語基の書きことば

　動詞하다《する》は言うまでもなく第Ⅰ語基：하，第Ⅱ語基：하，第Ⅲ語基：해のように活用しますが，第Ⅲ語基には別に하여という形があり，固い書きことばで用いられることがあります．この形が動詞하다だけではなく하다を含む用言すべてに用いられるのはもちろんです．

하
하
해 または 하여

■ **練習11** ■　次の文を読み，日本語に訳してみましょう．

①**신고하여야 하는데** 아직 못 **하였다.**　②버스가 학교 앞 정류장에 **도착하였습니다.**
③한국은 일본에 **비하여** 아파트에 사는 사람이 많은 것 같다.

❿ 年月日と週の言い方

　年月日と週の言い方について，未習のものをここでまとめておきましょう．

ⅵ 해	[名] 年
ⅶ 지난 달	[名] 先月
ⅷ 이번 달 /이번딸/	[名] 今月【・番・】
ⅸ 다음 달 /다음딸/	[名] 来月
ⅹ 그저께	[名] おととい
ⅺ 내일모레	[名] あさって【来日・・】〔話しことば〕
ⅻ 주일	[名] 〜週間【週日】
ⅼ 지난 주	[名] 先週【・・週】
ⅿ 이번 주 /이번쭈/	[名] 今週【・番週】
ⅾ 다음 주 /다음쭈/	[名] 来週【・・週】

　《**参考**》이번 달《今月》や다음 주《来週》などで濃音化が起きるのは「名詞＋名詞」構造の合成語だからです〔▷p.100–101〕．지난 주《先週》は지나다《過ぎる》の過去連体形Ⅱ−ㄴに名詞が続くもので「名詞＋名詞」構造ではないので濃音化は起きません．

■練習12■ 次の文を読み，日本語に訳してみましょう.

① **지난 주**부터 **일 주일**에 세 번 빵집에서 아르바이트를 하고 있어요.

② 수업은 **이번 주** 금요일까지고 **다음 주** 월요일부터는 학기말 시험이 시작됩니다.

③ 어제 전 날이 **그저께**인데 그제라고도 한다. **내일모레**는 내일의 다음 날을 뜻한다.

④ **지난 달**에 대만에 갔다 온 지 얼마 안 됐는데 **이번 달**에는 중국에 가게 되었습니다.

⑤ **오늘**의 일본은 옛날과는 다릅니다. ⑥ 누나는 **지난 해**부터 신문사에서 일합니다.

⑦ **이번**에 같이 노래방에 가 볼까요? ⑧ 우리는 **다음 달**부터 한국에 유학을 간다.

《参考》 지난《過ぎた》は 해《年》，달《月》，주《週》，날《日》のいずれとも結びつき
ますが，最後の例は「昨日」ではなく「先日，過ぎし日」のような漠然とした過去をあらわし
ます．また 이번は「こんど」の意味で単独でも（ただし副詞としては 이번에）用います．

가　호 : 영화 보고 나니까 어때요?

미　에 : 네, 아주 재미있던데요. 근데 못 알아듣는 말이 많
　　　　아서…. 잘 알아들으려면 어떤 연습이 필요할까요?

이　군 : 저는 기숙사 방에서 시간이 있을 때마다 텔레비전
　　　　을 보거나 아니면 라디오를 들어요. 그냥 켜 놓을 뿐
　　　　인데 많이 도움이 되는 것 같아요.

가　호 : 역시 한국 친구를 사귀는 게 제일 좋은 것 같아요.

이　군 : 한국인과 외국인이 교류하는 동아리가 있어요. 저
　　　　도 들어갈까 하는데 다음 주에 모임이 있대요.

미　에 : 그거 좋은데요. 저도 데리고 가 주세요.

이　군 : 그럼요. 근데 우리 이제 맛있는 거 먹으러 가야죠?

＊　　＊　　＊　　＊

이　군 : 가호 씨, 오늘은 오빠가 사 줄 거죠?

가　호 : 그래야지. 자, 우리 먼저 건배합시다.

미　에 : 네, 그러면, 우리의 내일을 위하여 !

모　두 : 위하여 !

テスト：作文練習・その5

■ 第13課 ■

① その次に肉にこのように衣をつけます.

② 話をそらさないでください.

③ 日曜日には仕事を休ませてください.

④ それがほんとうに事実なのか確認させていただけますか?

⑤ キムチチゲ頼んだんですけどご飯はつかないんですか?

⑥ 1日に3時間, 14回勉強したので, 42時間勉強した勘定になります.

⑦ 河回村の「河回」は漢字で「みずカ」に「まわるカイ」を書きます.

⑧ 私の作ってきたお弁当を友だちが食べたがります.

⑨ どこからか私の好きなあの音楽が聞こえてくる.

⑩ 次の学期にかならず取ろうと思っていた授業です.

⑪ 私が送った荷物が着いたと故郷の両親から電話がかかってきました.

⑫ 家を出るとすぐに雨が降りはじめました.

＊　＊　＊　＊　＊　＊　＊　＊　＊

①「衣をつける」は「服を着せる」であらわします.

②「話をそらす」は「ことばを回す」であらわします.

⑤「頼む」は「注文する」,「つく」は「いっしょに出てくる」がいいでしょう.

⑨⑪「聞こえてくる」は「聞こえる」,「かかってくる」は「時間がかかる」の「かかる」を前半に, 後半にはそれぞれ「来る」を用いて合成動詞にしてあらわします〔▷p.99〕.

■ 第14課 ■

① うちの学校は創立記念日にも授業をすることになっています.

② したがって書類はボールペンを使って手で書かなくてはなりません.

③ バスは東大門を通ってソウル歴史博物館まで行きます.

④ レポートを書いて8月2日までにEメールで送ってください.

⑤ 朴俊浩先生は大学で30年間も朝鮮語を教えてこられたそうです.

⑥ ごはんを食べているあいだ携帯ばかり見ている.

⑦ おかずほんとにおいしいなあ.

⑧ 2番を2回押してください.

⑨ 登る価値のある山が金剛山のほかにないのではない.

⑩電車に乗って行ったんだけど思ったより近かったな.

⑪おれにはおまえしかいない.

⑫行動に注意しなければいけません.

    ＊ ＊ ＊ ＊ ＊ ＊ ＊ ＊ ＊

  ⑧「～回」は固有数字を用いてあらわしますが, 朝鮮語では「～回」を漢字で「番」と書き〔▶p.86〕, 漢数字と組み合わせた場合は日本語と同じく「～番」を意味します.

  ⑫「**行動**」＝「**飛行機**」＋「**運動**」.「注意する」は他動詞です. 二重否定を用いてみましょう.

■第15課■

15 14

①大学に入学してから何が変わりましたか?

②昼食時に行ってみたら待つ人が多かったですねえ.

③こんなに安く買えるのは今日だけです. このチャンスを絶対逃さないでください.

④私はほんとに何もしないでただ見ていただけです.

⑤留学試験を受けてみようかと思うんだけど. ―じゃあもう準備を始めなくちゃ.

⑥そのホテルは案内冊子に「食事提供なし」と出ています.

⑦予約しておいたにもかかわらず席がなく, 30分も待たなくてはなりませんでした.

⑧昨晩コーヒーを3杯も飲んだからなのか眠れなくて朝まで本を読んでいました.

⑨できれば電話をするかEメールを送ってほしいとのことです.

⑩ガールフレンドが食事の席に知らないおじさんを連れてきました.

⑪私どもの娘が先月大学を卒業いたしました.

⑫私たちの明日のために乾杯しよう.

    ＊ ＊ ＊ ＊ ＊ ＊ ＊ ＊ ＊

  ①「変わる」は「異なるようになる」と考えればよいです〔▷p.42〕.

  ③「チャンス」＝「機会」〔▶p.142–143〕.「絶対逃さないでください」は「かならずつかまえてください」としましょう.「～てくれる」を用いずに直接の命令形でかまいません.

  ④「見る」は進行形を使ってみましょう.

  ⑤「受けてみる」は「見る」が重なることになりますがそれでかまいません.「始めなくちゃ」は「始めなくてはならない」, ハンダ体で短縮形〔▷p.135〕を使ってみましょう.

  ⑦「予約した」の体言形に「にも」を続けます.「かかわらず」は訳す必要はありません.

  ⑧「飲んだからなのか」は「飲んでそうなのか」とします〔▷p.57〕.「眠れない」は「眠る」を名詞にして「眠りが来ない」といいます.「読む」は進行形にしてみましょう.

  ⑨「～ほしいとのことだ」は「～してくれといっている」ということですね〔▷p.111〕.

  ⑪「先月」も「～に」が必要です〔▶p.66〕. 動詞は書きことば形を使ってみましょう.

  ⑫「私たちの」はこのような決まり文句では助詞の「～の」をつけた方が引き締まります.

日本語索引

事 項 索 引

よみもの１

　インターネット新聞"미디어오늘"《メディア今日》に2004年9月2日付で掲載された歴史学者林志弦（イム・ジヒョン／りん・しげん）氏へのインタビュー記事"고구려사는 한국사도 중국사도 아니다"《高句麗史は朝鮮史でも中国史でもない》から一部を収録しました．全文は以下から見ることができます．

　http://www.mediatoday.co.kr/news/articleView.html?idxno=30564

よみもの２

　言語学者鄭承喆（チョン・スンチョル／てい・しょうてつ）氏の著書"방언의 발견"《方言の発見》（創批，2018年）のまえがきを全文収録しました．

よみもの３

　ヘレン・ケラーの自伝 "The Story of My Life"《わが生涯》から一部抜粋されたものが韓国でかつて用いられていた中学1年生用の国語教科書（大韓教科書，2001年）に"모든 사물에는 이름이 있다"《すべての物には名前がある》として掲載されています．ここではそれを全文収録しました（1カ所のみ筆者の責任で改訳しました）．参考までに原文の英文も提示しましたが，朝鮮語文と一対一で対応しているわけではありません．

고구려[1]사[2] 귀속[3]논쟁[4]은 시대착오[5]

[1]高句麗 [名]【高句麗】. 中国大陸東北部と朝鮮半島北部にまたがってかつて存在した国.
[2]〜史 [尾]【史】　　　　　　　　[3]帰属 [名]【帰属】
[4]論争 [名]【論争】　　　　　　　[5]時代錯誤 [名]【時代錯誤】

──최근[1] 들어[2] 중국이 동북공정[3]을 추진하면서[4] 고구려사 귀속을 둘러싼[5] 양국[6]간[7] 논쟁이 불거지고 있습니다[8]. 어떻게 보십니까?

"한마디[9]로 말하자면[10] 시대착오적[11]이고 비[12]역사적인 싸움[13]이라[14] 할 수 있습니다. 사실 고구려사를 놓고[15] 한국[16]사냐[17] 중국사냐를 따지는[18] 것 자체[19]가 말이 안 됩니다[20]. 이건 2천년 전의 이야기[21]입니다. 당시[22]에 중국이라는 실체[23]가 있었던 것도 아니고 한국이라는 실체가 있었던 것도 아니지요[24]. 있었던 것은 그저[25] 고구려일 따름[26]입니다. 그런데 그 2천년 전에 존재했던[27] 고구려에 (근대[28] 동아시아[29]의 경우[30]) 20세기에서야[31] 등장한[32] 근대국민[33]국가[34]라는 개념[35]을 그대로 투영시켜 버리는 것[36]이 지금의 논쟁구도[37]인데, 이건 시대착오입니다. 인식[38]론[39]적으로 성립이 안 되는[40] 얘기이지요. 가장[41] 비역사적인 사고방식[42]에 입각한[43] 논리[44]를 역사학자[45]들이 전개하고 있다[46]는 코믹한[47] 상황[48]이랄까요[49]."

[1]最近 [名]【最近】
[2]Ⅲ-Ø《〜し》〔▷p.83〕. 書きことばで用いられる. 「最近に入り, 最近になり」.
[3]東北工程 [名]【東北工程】. 中国東北部を対象とする中国政府の歴史研究プロジェクト. 高句麗を中国史における地方政権と位置づけたことが韓国との摩擦を引き起こした.
[4]推進する [動]【推進‥】. Ⅱ-면서は「〜するとともに」とも訳せる.
[5]巡る, 取り囲む [動]. 두르다《巡らす》と싸다《包む》を組み合わせた合成動詞〔▷p.82-83〕.
[6]両国 [名]【両国】
[7]〜間 [尾]【間】
[8]目立つ, 表面化する [動]
[9]ひとこと [名]. 한《1つの》と마디《節》が組み合わさったもの.
[10]말하자고 하면《言おうとすれば》の短縮形〔▷p.76-77〕.
[11]〜的 [尾]【的】　　　　　　[12]非〜 [頭]【非】
[13]戦い [名]. 싸우다《戦う》の体言形〔▷p.136-137〕.
[14]指定詞の間接話法Ⅰ-라고 하다《〜という》〔▷p.82〕の-고を省略した形〔▷p.112〕.
[15]〜を置いて, 〜を前にして. つまり「〜について」.

16 朝鮮［名］【韓国】．韓国では時代と領域を問わず *Korea* 全体を 한국 と呼び，조선 はほぼ「李氏朝鮮」のみを指す．つまり日本と韓国では「朝鮮」は同義語ではない．

17 I－냐《〜か》〔▷p.74–75〕．－이다《〜だ》の語幹 이 が省略されたもの〔▶p.145〕．

18 問いただす［動］．　　　　　　　19 自体［名］【自体】

20 ことばにならない，つまり「話にならない」．

21 話［名］．애기 は 이야기 の短縮形．

22 当時［名］【当時】．－에《〜に》が必要〔▶p.66〕．

23 実体［名］【実体】　　　　　　　24 I－지요《〜ですよ》〔▷p.86〕．

25 ただ［副］　　　　　　　　　　　26 のみ［名］．未来連体形の後ろに用いる．

27 存在する［動］【存在・・】　　　28 近代［名］【近代】

29 東アジア［名］【東・・・】　　　30 場合［名］【境遇】

31 III－야《〜てこそ》と同じ意味の助詞「こそ」．終声の有無で－이야/－야を使い分ける．

32 登場する［動］【登場・・】　　　33 国民［名］【国民】

34 国家［名］【国家】　　　　　　　35 概念［名］【概念】

36 投影させる［動］【投影・・・】　37 構図［名］【構図】

38 認識［名］【認識】　　　　　　　39 〜論［尾］【論】

40 成立する［動］【成立・・】「名詞＋する」の短い否定形は「する」の直前に 안 を置くが〔▶p.130–131〕，受身形〔▷p.84–85〕や使役形〔▷p.116–117〕も 안 が名詞のあとに置かれる．「名詞＋する」と同じく名詞のあとに助詞が挟まり2単語あつかいされることがある．

41 もっとも［副］　　　　　　　　　42 考え方［名］【思考方式】

43 立脚する［動］【立脚・・】　　　44 論理［名］【論理】/놀리/．

45 学者［名］【学者】　　　　　　　46 展開する［動］【展開・・】

47 コミカルだ［形］　　　　　　　　48 状況［名］【状況】．

49 I－라고 하다 に II－ㄹ까요 がついた I－라고 할까요《〜といいましょうか》の短縮形．

　　— 근대국민국가의 개념틀[1]로 고구려사에 **접근하면**[2] **안 된다**[3]? 좀 더 **자세히**[4] 설명해 주실 수 있을까요?

　　"고구려사가 한국사라 **주장하는**[5] **이**[6]들은 고구려**인**[7]이 **한**[8]**민족**[9]이기 때문에 **그렇다**[10]고 말합니다. 그런데 문제는 그 민족이**란**[11] 개념 자체가 **생겨난**[12] 게 **고작**[13] 100**여**[14] 년 전이라는 겁니다. 한**반도**[15]의 경우 민족이라는 말이 처음 쓰였던 건 20세기 **초**[16]였거든요. **북한**[17]의 **사학자**[18]들은 조선**왕조**[19]**실록**[20]에서도 **마음대로**[21] **의역**[22]을 해서 '민족'이라는 말을 **뽑아내곤 하지만**[23](웃음), 사실 민족이라는 **개념어**[24]는 근대의 **산물**[25]입니다. 근대에야 생긴 개념을 **고대**[26]사에 **대입한다**[27]는 게 말이 됩니까.

1 枠組み［名］

2 接近する，アプローチする［動］【接近・・】

3 相手の発言をそのまま繰り返して聞き返すときなど，平叙形のままで疑問文として用いることがある．

4 詳しく［副］【仔細・】

5 主張する［動］【主張・・】

6 人［名］．連体詞や連体形の後ろで用いる．

7 〜人［尾］【人】

8 朝鮮［名］【韓】．ふつう単独では用いない．

9 民族［名］【民族】

10 用言の「こそあどことば」の用法〔▷p.57〕．

11 I−라고 하다の連体形 I−라고 하는は短縮形が I−라는であるがこれがしばしば I−란となる．過去連体形語尾がついたのではない．

12 生まれる，発生する［動］．생기다《生ずる》と나다《出る》を組み合わせた合成動詞．

13 せいぜい［副］

14 余，あまり［名］【余】

15 半島［名］【半島】

16 はじめ，初頭［名］【初】

17 北朝鮮［名］【北韓】

18 歴史学者［名］【史学者】

19 王朝［名］【王朝】

20 実録［名］【実録】

21 思いどおりに，勝手に［副］

22 意訳［名］【意訳】

23 抜き出す［動］．뽑다《抜く》と내다《出す》を組み合わせた合成動詞． I−곤 하다は「よく〜する」． I−고 하다とは異なり同じ動作が頻繁に行なわれることをあらわす．

24 概念語［名］【概念語】

25 産物［名］【産物】

26 古代［名］【古代】

27 代入する［動］【代入・・】

　　　1930년경[1]에 폴란드에서 **실시한**[2] **인구**[3]**조사**[4]의 **기록**[5]을 보면, 지금의 벨로루시와 **접경**[6]**지역**[7]에 사는 사람들에게 '**당신**[8]은 폴란드 사람입니까, 벨로루시 사람입니까?' **라고**[9] 물은 **대목**[10]이 나옵니다. 질문**자**[11]가 들은 **답변**[12]이 **걸작**[13]입니다. 그냥 '우리는 여기 사는 사람들이다'였다는 것이지요. 그럼 우리가 2000년 전으로 타임머신을 타고 **돌아갔다**[14]고 **가정하고**[15] '당신 한국사람**이요**[16], 중국사람이요?' 물어 본다고 합시다. 고구려 사람은 뭐라고 할까요? **당연히**[17], 이거 무슨 **귀신**[18] **씻나락**[19] **까먹는**[20] **소리**[21]냐 하지 않을까요?

---

1 ごろ［名］【頃】

2 実施する［動］【実施・・】

3 人口［名］【人口】

4 調査［名］【調査】

5 記録［名］【記録】

6 境界［名］【接境】

7 地域［名］【地域】

8 あなた［名］【当身】．極めて限られたケースでのみ用いられる．

9 間接話法では당신은 폴란드 사람이냐, 벨로루시 사람이냐고 물은 대목이 나옵니다となるが，文体を活かしたい，臨場感を持たせたいなどの理由から直接話法を用いることがある．その場合引用される文全体がいわばひとかたまりの体言あつかいされ I−라고が用いられる．

⑩一節 ［名］ ⑪〜者 ［尾］【者】

⑫答, 回答 ［名］【答弁】 ⑬傑作 ［名］【傑作】/걸짝/.

⑭戻っていく ［動］. 回って（＝向きを変えて）行くということから.

⑮仮定する ［動］【仮定・・】

⑯「ですます形」の1つに, 하다《する》の平叙形と疑問形がともに하오《します／します か》となる文体があり, この形からハオ体と呼ばれる. 若い世代では用いられない. 語尾はⅡ －오のほか, 子音語幹用言ではⅠ－소も用いられる. リウル語幹用言ではリウルが落ちて아 오《わかります／わかりますか》となる. 指定詞－이다《〜だ》では－이오《〜です／〜で すか》が規範的な形だが, このように－이요と書かれ, そのように発音されることが多い.

⑰当然 ［副］【当然・】 ⑱幽霊, おばけ ［名］【鬼神】

⑲たねもみ ［名］

⑳むいて食べる ［動］. 까다《むく》と먹다《食べる》を組み合わせた合成動詞.

㉑音 ［名］. 귀신 씻나락 까먹는 소리《幽霊がたねもみの皮をむいて食べる音》はものごと をはっきり言わないこと, あるいはリクツに合わないわけのわからないことを言うことを皮肉 ることわざ.

그리고 한걸음 더 나가자면, 당시에 고구려의 **지배력**①이 **미치는**② 곳에 사는 사람들은 다 **자기**③들이 고구려 사람들이라고 생각했을까요? 아닐 겁니다. 고구 려라는 이름**조차**④ 모르고 살았던 사람이 **숱할 거예요**⑤. '고구려'라는 실체도 인 식 못 했을 겁니다.

---

①支配力 ［名］【支配力】 ②及ぶ, 及ぼす ［動］

③自分 ［名］【自己】 ④〜さえ ［助］

⑤非常に多い ［形］

예컨대① 19세기 **말**②에 프랑스 **농민**③들에 대해 사회사적인 조사가 있었는데 **제목**④이 'Peasant being into French man'입니다. **해석하면**⑤ '프랑스 사람이 된 농민들' **정도**⑥가 되는데, 이 조사에 따르면, 19세기 말의 노르망디 지역의 농민들 은 **대부분**⑦ **평생**⑧ **동안**⑨ 자기가 **태어난**⑩ 곳에서 4km **넘는**⑪ 곳을 여행해 본 적 이 없습니다. **그러니까**⑫ 그 사람들은 프랑스라는 실체를 모르는 것이죠. 그런데 **의무**⑬**교육**⑭을 **시키고**⑮, 알퐁스 도데⑯의 '**마지막**⑰ 수업' 같은 걸 읽히고, **사투 리**⑱ 못 쓰게 하고 프랑스 **표준어**⑲를 쓰게 하는 **과정**⑳에서, 이 사람들이 '나는 프

랑스인이구나' **하는**[21] 생각을 하게 됐다는 겁니다. '프랑스인'**으로서**[22]의 **정체성**[23]이 **자연스럽게**[24] **취득되는**[25] 게 아니라 사실은 **주입된**[26] 거죠. 연구는 19세기 말의 프랑스 농민들이 어떻게 '프랑스인'으로 **변모하는가**[27]를 그리고 있는데[28], 그 당시는 프랑스 **혁명**[29]이 일어난 지 100년이 **지난 때**[30]예요.

[1] たとえば［副］【例‧‧】　　　　[2] 末［名］【末】

[3] 農民［名］【農民】　　　　　　[4] タイトル, 題目［名］【題目】

[5] 解釈する［動］【解釈‧‧】　　　[6] ほど, ぐらい, 程度［名］【程度】

[7] 大部分［名］【大部分】　　　　[8] 一生, 生涯［名］【平生】

[9] 名詞の後ろで濃音化する〔▷p.127〕. 　[10] 生まれる［動］

[11] 越える［動］

[12] だから, ですから［接］. そうだ《そうだ》にⅡ－니까がついたもの.

[13] 義務［名］【義務】　　　　　　[14] 教育［名］【教育】

[15] 日本語の語感では「する（行なう）」と言えそうなケースで시키다《させる》が用いられることがある.

[16] アルフォンス・ドーデ［名］. フランスの小説家（1840〜1897）.

[17] 最後［名］　　　　　　　　　　[18] 方言, なまり［名］

[19] 標準語［名］【標準語】　　　　[20] 過程［名］【過程】

[21] 直接話法. 引用される文全体がいわばひとかたまりの体言あつかいされⅠ－라고 하다が用いられるが, 고だけでなくⅠ－라고全体が省略されることがある.

[22] 〜として［助］. －로/－으로は「〜として」の意味ももつが〔▷p.35〕, その意味では－로서/－으로서が用いられることがある.

[23] アイデンティティー［名］【正体性】/정체썽/. 「〜性」も「〜科」などのように濃音化する〔▷p.102〕.

[24] 自然だ［形：ㅂ不規則］【自然‧‧‧】　[25] 取得される［動］【取得‧‧‧】

[26] 詰め込まれる［動］【注入‧‧】　　[27] 変貌する［動］【変貌する‧‧】

[28] 描く［動］.　　　　　　　　　　[29] 革命［名］【革命】

[30] 때《とき》が過去連体形と結びつくことがある. 述語の場合に用いられやすいようである.

　　국민국가가 만들어지고, **중앙집권**[1]적 **관료제**[2]가 만들어진 지 100년이 지난 사회의 농민들의 **의식**[3]세계가 그랬다면, 2천년 전의 고구려에 살았던 사람들은 한국이나 중국이나 **심지어**[4]는 고구려 사람이라는 의식도 안 했다고 봐야 합니다. 그냥 나는 '여기 사람'이라고 **생각하며**[5] 살았겠죠. 그런데 **그**[6]들을 중국사의

일부⑦, 한국사의 **주역**⑧으로 **끌어들이는**⑨ 건 근대의 국민국가와 그것을 **지탱하는**⑩ **권력**⑪의 **입장**⑫에서 그들의 삶을 **전유해 버리는**⑬ 겁니다. 그들의 삶을 그대로 **받아들이는 게**⑭ 아니라."

① 中央集権［名］【中央集権】　② 官僚制［名］【官僚制】/괄료제/.

③ 意識［名］【意識】　④ はなはだしく［副］【甚至於】

⑤ Ⅱ－며 は Ⅱ－면서《～ながら》〔▷p.67〕の書きことば.

⑥ 彼［代］. 書きことば.　⑦ 一部［名］【一部】

⑧ 主役［名］【主役】

⑨ 引き込む［動］. 끌다《引く》と 들이다《入れる》を組み合わせた合成動詞.

⑩ 支える［動］【支撐・・】　⑪ 権力［名］【権力】/궐력/.

⑫ 立場［名］【立場】　⑬ 専有する［動］【専有・・】

⑭ 受け入れる［動］. 받다《受け取る》と 들이다《入れる》を組み合わせた合成動詞.

　고구려가 한국사도 중국사도 아니라 말하는 그의 논리는 **매우**① **단순한**② 한마디로 **요약**③ **가능하다**④. '민족'이라는 것 자체가 근대에서야 **등장한**⑤ 개념이기 때문에 고대사에 **적용**⑥ 가능하지 않다는 것. **주지하다시피**⑦, 이런 **관점**⑧은 민족을 **초**⑨역사적 **실재**⑩로 **바라보는**⑪ **주류**⑫ **사학**⑬과는 **아예**⑭ **뿌리**⑮부터 다른 것이다.

① たいへん, とても［副］　② 単純だ［形］【単純・・】

③ 要約［名］【要約】　④ 可能だ［形］【可能・・】

⑤ 登場する［動］【登場・・】　⑥ 適用［名］【適用】

⑦ 周知する［動］【周知・・】. Ⅰ－다시피 は「～のように」. ここでは「周知のように」.

⑧ 観点［名］【観点】/관쩜/.「～点」も「～科」などのように濃音化する〔▷p.102〕.

⑨ 超～［頭］【超】　⑩ 実在［名］【実在】

⑪ ながめる［動］. 바라다《望む》と 보다《見る》を組み合わせた合成動詞.

⑫ 主流［名］【主流】　⑬ 歴史学［名］【史学】

⑭ はじめから［副］　⑮ 根, 根本［名］

방언①사용②권③은 인간④의 '기본⑤권'

---

①方言 [名]【方言】　　　　　②使用 [名]【使用】
③〜権 [尾]【権】/꿘/. 「〜権」も「〜科」などのように濃音化する〔▷p.102〕.
④人間 [名]【人間】　　　　　⑤基本 [名]【基本】

　　면접①이나 발표②를 위한 스피치 학원③이 성행④이라⑤ 한다. 이⑥에 '사투리⑦반'이 있는데 여기서 취직⑧ 또는 면접에서의 '불이익⑨'을 내세워⑩ 사투리를 고치라⑪ 권유⑫·선전하고 있는 모양이다⑬. 그⑭들의 광고⑮ 문구⑯야⑰ 그저⑱ 하나의 '상술⑲'로⑳ 가벼이㉑ 여겨 버릴㉒ 일이지만, 사투리로 인해㉓ 실제㉔ 면접에서 불이익을 받는다면 그것은 사회적㉕으로 큰 문제가 된다. 표준어㉖를 쓴다고㉗ 일이나 공부를 더 잘 하는 건 결코㉘ 아닌데 표준어 사용이 합격㉙의 한 요소㉚가 된다니㉛!

---

①面接 [名]【面接】　　　　　②発表 [名]【発表】
③塾, 教室, 予備校 [名]【学院】　④盛ん [名]【盛行】
⑤指定詞の間接話法Ⅰ－라고 하다《〜という》〔▷p.82〕の－고を省略した形〔▷p.112〕.
⑥これ [代]. 書きことば.　　⑦方言, なまり [名]
⑧就職 [名]【就職】　　　　　⑨不利益 [名]【不利益】
⑩掲げる, 打ち出す [動]. 내다《出す》と 세우다《立てる》を組み合わせた合成動詞〔▷p.82-83〕. 語尾は書きことばで用いられるⅢ－Ø《〜し》〔▷p.83〕.
⑪なおす [動]. 間接話法の命令形ではⅡ－라が用いられ〔▷p.76-77〕, また⑤と同じく－고が省略されうる〔▷p.112〕.
⑫勧誘 [名]【勧誘】　　　　　⑬宣伝する [名]【宣伝‥】
⑭彼 [代]. 書きことば.　　　⑮広告 [名]【広告】
⑯文句 [名]【文句】/문꾸/. 「〜句」も「〜科」などのように濃音化する〔▷p.102〕.
⑰Ⅲ－야《〜てこそ》と同じ意味の助詞「こそ」. 終声の有無で－이야/－야を使い分ける.
⑱ただ, 単に [副]　　　　　⑲商法 [名]【商術】
⑳－로/－으로は「〜として」の意味ももつ〔▷p.35〕.
㉑軽く [形]　　　　　　　　㉒みなす, 思う, 考える [動]
㉓因る [動]【因‥】　　　　　㉔実際 [名]【実際】/실쩨/〔▷p.102〕.
㉕〜的 [尾]【的】　　　　　　㉖標準語 [名]【標準語】
㉗－고 해서《といって》〔▷p.125〕の 해서《いって》が省略されたものとみなせる.

28 決して［副］【決・】　　　　　　　　29 合格［名］【合格】

30 要素［名］【要素】

31 Ⅰ－ㄴ다니《～するとは》．意外な驚きをあらわす．規範的にはⅠ－다니，つまり原形＋니
（指定詞ではⅠ－라니も）だが，実際にはハンダ体＋니も同じように用いられる．

더구나1 현재2의 사투리는 사회 구성원3들의 의사소통4에 지장5을 줄 정
도6로 심한7 것이 아니다. 대개8는 약간9의 자모음10 발음과 억양11의 차이12
만 드러낼13 뿐, 문법14이나 단어의 상당수15는 이미16 표준어화하여17 거의 동일
해졌다18. 그러한19 까닭20에 자모음의 발음이 조금21 다르거나 강한22 억양을 지
닌23 특정24 지역25의 방언 화자26들이 해당27 학원의 주28 고객29이 된다. 그 정도
의 차이를 사회적으로 용인하지 못해30, 수많은31 젊은이32들이 자존심33에 상
처34를 입고 공연히35 돈과 시간을 쓰고 있는 셈이다.

---

1 その上［副］　　　　　　　　　　　2 現在［名］【現在】

3 構成員［名］【構成員】　　　　　　　4 意思疎通［名］【意思疎通】

5 支障［名］【支障】　　　　　　　　　6 ほど，ぐらい，程度［名］【程度】

7 ひどい［形］【甚・・】　　　　　　　8 だいたい，大概［名］【大概】

9 若干［副］【若干】　　　　　　　　　10 子母音［名］【子母音】

11 イントネーション［名］【抑揚】　　　12 ちがい，差，差異［名］【差異】

13 あらわす［動］　　　　　　　　　　14 文法［名］【文法】/문뻡/〔▷p.102〕.

15 相当数［名］【相当数】　　　　　　　16 すでに［副］

17 標準語化する［動］【標準語化・・】

18 同一だ［形］【同一・・】．Ⅲ－지다がついて変化をあらわす動詞となる〔▷p.42〕.

19 そのようだ［形］．書きことば．この그러하다の하の母音が消えて그렇다となった．그
렇다の第Ⅲ語基が그래なのは그러하다の第Ⅲ語基が그러해なのに由来する〔▶p.149〕.

20 わけ，ため，理由［名］/까닭/.　　　21 少し［副］．좀に同じ.

22 強い［形］【強・・】　　　　　　　　23 身につける［動］

24 特定［名］【特定】　　　　　　　　　25 地域［名］【地域】

26 話者［名］【話者】　　　　　　　　　27 該当［名］【該当】

28 主［連］【主】　　　　　　　　　　　29 顧客［名］【顧客】

30 容認する［動］【容認・・】　　　　　31 数多い［形］【数・・】

32 若者［名］．形容詞젊다/점따/《若い》の連体形젊은に이《人》（連体詞や連体形の後ろで
用いる）がついて1単語となったもの．　　33 プライド［名］【自尊心】

34 傷［名］【傷処】．상처를 입다《傷つく，傷を負う》.

35 むなしく［副］【空然・】

이처럼 **그리**[1] 크지 않은 차이에도 **불구하고**[2] 사투리가 **교정**[3] **대상**[4]으로 간주되는 **것**[5]은, 산업[6] **근대화**[7] 시대를 **통해**[8] **고착화된**[9] 표준어 **의식**[10]이 아직도[11] **위세**[12]를 떨치고 있기 **때문**[13]이다. 즉[14] '**국민**[15] **총화**[16]'를 저해(?)하는[17] 사투리를 **없애고**[18] **국가**[19] 구성원 모두가 표준어 하나로 **소통해야**[20] 근대화를 빨리 **이룩할 수 있다**[21]는 잘못된[22] **인식**[23]이 **여태껏**[24] 우리 사회에 **확고하여**[25] 이쪽저쪽[26]으로 강한 **영향**[27]을 **미치고 있다**[28]는 말이다.

[1] それほど ［副］	[2] かかわらない ［動］【不拘・・】
[3] 矯正 ［名］【矯正】	[4] 対象 ［名］【対象】
[5] みなされる ［動］【看做・・】	[6] 産業 ［名］【産業】
[7] 近代化 ［名］【近代化】	[8] 通じる ［動］【通・・】
[9] 固着化する ［動］【固着化・・】	[10] 意識 ［名］【意識】
[11] いまだに ［副］．アジク《まだ》の強調．	[12] 威勢 ［名］【威勢】
[13] とどろかす ［動］	[14] すなわち ［副］【即】
[15] 国民 ［名］【国民】	[16] 和合 ［動］【総和】
[17] 阻害する ［動］【阻害・・】	
[18] なくす ［動］．ない《ない》の使役形．	[19] 国家 ［名］【国家】
[20] コミュニケーションをとる ［名］【疎通・・】．	
[21] 成し遂げる ［動］	[22] 誤る ［動］
[23] 認識 ［名］【認識】	[24] 今まで ［副］
[25] 確固としている ［形］【確固・・】．확고하여は확고해の書きことば〔▷p.138〕．	
[26] あちこち ［代］．「こ」と「あ」を組み合わせる際には順序が日本語と逆になる．	
[27] 影響 ［名］【影響】	[28] 及ぼす，及ぶ ［動］

돌이켜보면[1] '표준어'는 19세기의 **제국**[2]**주의**[3] 또는 국가주의 시대의 **산물**[4]이다. 그것은 **서양**[5] 제국주의 국가 (일본 **포함**[6])에서 국민의 의사 **전달**[7] **수단**[8]을 **통일하여**[9] 국가적 **역량**[10]을 **결집하고**[11] 이를 **바탕**[12]으로 **타국**[13]에 **대한**[14] **침탈**[15]을 도모하기 위해[16] **제안되었다**[17]. 그러기에[18] 종전[19] 후 제국주의가 종식되면서[20] 이들 나라에서는 **효력**[21]이 **다한**[22] 표준어 **개념**[23]을 **폐기**[24] 또는 유보하기[25]에 **이른다**[26]. 이로써[27] 보면 **광복**[28] **이후**[29]에 우리는 **산업화**[30]를 위해 그러한 표준어를 **정책**[31]적으로 **수용한**[32] 것이 된다.

① 振り返って見る，顧みる ［動］．돌이키다《振り返る》と보다《見る》を組み合わせた合成動詞．　② 帝国 ［名］【帝国】

③ 主義 ［名］【主義】　④ 産物 ［名］【産物】

⑤ 西洋 ［名］【西洋】　⑥ 含む ［名］【包含】

⑦ 伝達 ［名］【伝達】　⑧ 手段 ［名］【手段】

⑨ 統一する ［動］【統一・・】　⑩ 力量 ［名］【力量】

⑪ 結集する ［動］【結集・・】/결찌파다/〔▷p.102〕．

⑫ 土台 ［名］　⑬ 他国 ［名］【他国】

⑭ 対する ［動］【対・・】．ここでは文字どおり「～に対する」と解釈する方がよいだろう．

⑮ 侵奪 ［名］【侵奪】　⑯ 図る，企てる ［動］【図謀・・】

⑰ 提案される ［動］【提案・・】

⑱ そうだ《そうする》に理由をあらわすＩ－기にがついたもの．そうしてとほぼ同じ．

⑲ 終戦 ［名］【終戦】

⑳ 終息する ［名］【終息・・】．Ⅱ－면서は「～するとともに」とも訳せる．

㉑ 効力 ［名］【効力】　㉒ 尽きる，終わる ［動］

㉓ 概念 ［名］【概念】　㉔ 廃棄 ［名］【廃棄】

㉕ 留保する ［動］【留保・・】

㉖ いたる ［動：러不規則］．第Ⅰ，第Ⅱ語基が이르，第Ⅲ語基が이르러 となる不規則用言．

㉗ 「～を用いて」の意味で用いる－로/－으로の別形．이로써 보면《これをもってみると》は漢文直訳調の固い言い方．　㉘ 独立回復 ［名］【光復】

㉙ 以後 ［名］【以後】　㉚ 産業化 ［名］【産業化】

㉛ 政策 ［名］【政策】　㉜ 受容する ［動］【受容・・】

하지만[1] 1970・80**년대**[2]를 **거치면서**[3] **강력한**[4] 표준어 (**교육**[5]) 정책의 **추진**[6] **및**[7] **매스컴**[8]의 **발달**[9] **등**[10]으로 **전국**[11]의 방언 **차**[12]는 의사소통에 큰 어려움을 주지 않을 **만큼**[13] **줄어들었다**[14]. 2000년대에 **들어서서**[15]는 지방**자치제**[16]가 강화되고[17] 개인[18]용[19] 컴퓨터나 스마트폰의 **일반화**[20] 등 소통 환경[21]이 **엄청나게**[22] 바뀌어[23] '**획일**[24]'보다 '**다양**[25]', '**전체**[26]'보다 '개인'을 **중시하는**[27] 문화가 급속히[28] 확산되었다[29]. 적어도[30] 이제[31]는 표준어의 **유효**[32]**성**[33]을 따져 봐야 할[34] 시기[35]가 도래한 것이다[36]. 게다가[37] 지방**분권**[38]이 시대적 **과제**[39]가 된 **오늘날**[40]은 더욱[41] 깊이[42] 이 문제를 고민해 볼[43] 때다[44].

---

① しかし ［接］．그렇지만に同じ．　② ～代 ［尾］【代】

③ 経る ［動］　④ 強力だ ［形］【強力・・】

⑤教育［名］【教育】　　　　　　　⑥推進［名］【推進】

⑦および［接］　　　　　　　　　　⑧マスコミ［名］

⑨発達［名］【発達】/발딸/〔▷p.102〕．　⑩など［名］【等】

⑪全国［名］【全国】　　　　　　　⑫ちがい，差［名］【差】

⑬〜ほど［名］．この意味では未来連体形につく．

⑭減る［動］．줄다《減る》と들다《入る》を組み合わせた合成動詞．들다は「〜のように
なる」の意味を持つ．생각이 들다《気持ちになる》〔▷p.89〕と同じ用法．

⑮入る［動］．들다《入る》と서다《立つ，止まる》を組み合わせた合成動詞．抽象的な意
味ではある時期や状態が始まることをあらわす．

⑯自治制度［名］【自治制】　　　　⑰強化される［動］【強化・・】

⑱個人［名］【個人】

⑲〜用［尾］【用】．ヤ行音のニャ行音化〔▶p.128-129〕が起こり/뇽/と発音される．

⑳一般化［名］【一般化】　　　　　㉑環境［名］【環境】

㉒ものすごく［副］

㉓替わる［動］．바꾸다《替える》の第Ⅰ語基に母音字ㅣを加えた自動詞〔▷p.84〕．

㉔画一［名］【画一】　　　　　　　㉕多様［名］【多様】

㉖全体［名］【全体】　　　　　　　㉗重視する［動］【重視・・】

㉘急速に［副］【急速・】　　　　　㉙拡散する［動］【拡散・・】

㉚少ない［形］．「少なくとも」．　　㉛今［名］．過去とは異なるというニュアンス．

㉜有効［名］【有効】

㉝〜性［尾］【性】/썽/．「〜性」も「〜科」などのように濃音化する〔▷p.102〕．

㉞問いただす［動］　　　　　　　　㉟時期［名］【時期】

㊱到来する［動］【到来・・】　　　　㊲その上［副］

㊳分権［名］【分権】/분꿘/．　　　㊴課題［名］【課題】

㊵今日（こんにち）［名］　　　　　㊶さらに，もっと［副］．더より程度が強い．

㊷深く［副］．깊다《深い》の副詞形〔▷p.44-45〕．

㊸悩む［動］【苦悶・・】

㊹ㅡ이다《〜だ》の語幹이が省略されたもの〔▶p.145〕．

　　우선①은 표준어의 사회적 **효용**②**가치**③가 방언의 **소멸**④ (즉 문화적 다양성의
상실⑤)을 **상쇄할**⑥ 만한지 **비교**⑦·**검토할**⑧ 필요가 있다. **나아가**⑨ 지금의 **시점**⑩
에서 표준어가 **과연**⑪ 국가 구성원 모두에게 **필수적**⑫인지 그리고 개인의 **언어**⑬
생활⑭에 국가 표준어를 **강제해도 되는지**⑮, 또 표준어는 '**바른**⑯ 말'이고 사투리
는 '**틀린**⑰ 말'로 보는 사회 **분위기**⑱가 **정말로**⑲ **국어**⑳ 또는 국가 **발전**㉑에 도움
이 되는지도 다시 생각해 볼 일이다.

① まず［副］【于先】　　　② 効用［名］【効用】

③ 価値［名］【価値】　　　④ 消滅［名］【消滅】

⑤ 喪失［名］【喪失】　　　⑥ 相殺する［動］【相殺・・】

⑦ 比較［名］【比較】　　　⑧ 検討する［動］【検討・・】

⑨ 進んでいく［動］．副詞的に用いたもの〔▷p.125〕．「さらに，ひいては」．

⑩ 時点［名］【時点】／시점／．「～点」も「～科」などのように濃音化する〔▷p.102〕．

⑪ はたして［副］【果然】　　⑫ 必須［名］【必須的】

⑬ 言語［名］【言語】　　　⑭ 生活［名］【生活】

⑮ 強制する［動］【強制・・】　⑯ 正しい［形］

⑰ 間違っている［動］　　　⑱ 雰囲気［名］【雰囲気】

⑲ ほんとうに［副］【正・・】．副詞として用いる場合－로がつくことがある．

⑳ 国語［名］【国語】　　　㉑ 発展［名］【発展】／발전／〔▷p.102〕．

　　사실 국민 전체의 소통 및 국가 발전을 위해 표준어를 쓰자는 **논리**①는, 요즘 **과 같은**② **국제화**③ 시대에 의사소통의 **편의**④ 및 **세계화**⑤를 위해 영어를 **공용어**⑥로 하자는 **주장**⑦과 **별반**⑧ 다르지 않다. 따라서 우리 나라에 영어 공용어가 **웬**⑨ 말이냐 하면서도 표준어는 **절대**⑩적으로 필요하다고 주장하는 것은 논리적 **모순**⑪이다. 그저 **원하는**⑫ 사람이 영어를 배워 **쓰듯**⑬, 표준어도 그리 쓰게 하면 된다. 그러지 않고 지금처럼 표준어(또는 영어)가 **제도**⑭적으로 **강제되었을**⑮ 때는 **아무런**⑯ **이유**⑰ 없이 **고통**⑱을 받는 사람이 **생겨나게**⑲ **마련**⑳이다.

---

① 論理［名］【論理】／놀리／．

② 名詞＋같다《～のようだ》は名詞の後ろに－와／－과が挟まることがある．

③ 国際化［名］【国際化】　　④ 便宜［名］【便宜】

⑤ 世界化［名］【世界化】　　⑥ 公用語［名］【公用語】

⑦ 主張［名］【主張】　　　⑧ さして，別段［副］【別般】

⑨ なんという［連］．前に置かれる助詞－가／－이はその前の名詞を取り立てた「～とは」にあたる．

⑩ 絶対［名］【絶対】／절때／〔▷p.102〕．　⑪ 矛盾［名］【矛盾】

⑫ 望む，願う［動］【願・・】　⑬ Ⅰ－듯は「～するように」をあらわす．

⑭ 制度［名］【制度】　　　⑮ 強制される［動］【強制・・】

⑯ どうだ，どんなだ［形：ㅎ不規則］の連体形．「何の，どんな，いかなる」．

⑰ 理由［名］【理由】　　　⑱ 苦痛［名］【苦痛】

⑲ 生まれる，発生する［動］．생기다《生ずる》となだ《出る》を組み合わせた合成動詞．

⑳ Ⅰ－게 마련は「～するもの，～するのがふつう」をあらわす．

'말'이란① 자신②이 속한③ 사회로부터④ 자연스럽게⑤ 물려받는⑥ 것이다. 그러한 말을 '틀렸다'고 쓰지 못하게 하는 건 심각한⑦ 인권⑧ 침해⑨다. 그러므로⑩ 그 동안 사투리 쓴다고 수난⑪을 당한⑫ 사람들의 상처 치유⑬는 차치하더라도⑭, 소통하고 싶은 사람들끼리⑮ 표준어든⑯ 사투리든 자신이 원하는 말로 이야기할 수 있는⑰ 사회, 곧⑱ '방언 사용권'이 존중되는⑲ 사회가 지금이라도 만들어져야 한다 ('사투리'는 표준어와 대립⑳적으로 쓰이는 말이고 '방언'은 표준어와 상관없이㉑ 지역 또는 계층㉒에 따라 분화된㉓ 말의 체계㉔를 가리키는㉕ 용어㉖다).

①～とは［助］. 終声の有無で－이란/－란を使い分ける.
②自身［名］【自身】 　　③属する［動］【属・・】
④～から［助］. 書きことば. －에서, －부터, －에게서のいずれとも置き換えられる.
⑤自然だ［形：ㅂ不規則］【自然・・・】
⑥受け継ぐ, 譲り受ける［動］. 물리다《譲る》と받다《受け取る》を組み合わせた合成動詞.
　　　　　　　　　　　　　　⑦深刻だ［形］【深刻・・】
⑧人権［名］【人権】/인꿘/. 　⑨侵害［名］【侵害】
⑩それゆえ［接］. 書きことば. 　⑪受難［名］【受難】
⑫こうむる［動］【当・・】 　　⑬いやし, 治癒［名］【治癒】
⑭置いておく［動］【且置・・】. Ⅰ-더라도は「～としても」. Ⅲ-도《～ても》より仮定のニュアンスが強く, 「かりに～したとしても」のような意味をあらわす.
⑮～同士［助］
⑯Ⅰ-든「～ても, であろうと」. -이다《～だ》の語幹이が省略されている〔▶p.145〕.
⑰話す［動］. 얘기하다とそのもととなる名詞얘기は短縮形.
⑱すなわち［副］ 　　　　　⑲尊重される［動］【尊重・・】
⑳対立［名］【対立】 　　　　㉑関係なく［副］【相関・・】
㉒階層［名］【階層】 　　　　㉓分化する［動］【分化・・】
㉔体系［名］【体系】 　　　　㉕指す［動］
㉖用語［名］【用語】

그①와 같이 사투리에 대한 편견②이 없는 사회에서 표준어는 권장어③가 된다. 누구나 꼭 써야 하는 '표준어'가 아니라, 써도 되고 쓰지 않아도 되는 그런 '권장어' 말이다. 이들 권장어는 각종④ 사전(방언사전 포함)에 실려⑤ 필요한 사람들에게 소용된다⑥. 물론 지역사회마다 특정 사투리를 권장어로 선정하는⑦ 일도 가능

하다[8]. 그 결과로서[9] 언어 차별[10]이 없는 동등한[11] 사회가 이룩되어[12] 더 이상
이 땅에서 사투리 때문에 피해[13]를 보는 사람이 생기지 않기를 바라는[14] 마음[15]
간절하다[16].

[1] それ［代］．書きことば．　[2] 偏見［名］【偏見】

[3] 推奨語［名］【勧奨語】　[4] 各種［名］【各種】

[5] 載る［動］．실다《載せる：ㄷ不規則》の受身形〔▷p.84–85〕．

[6] 役立つ［動］【所用・・】　[7] 選定する［動］【選定・・】

[8] 可能だ［形］【可能・・】

[9] 〜として［助］．−로/−으로は「〜として」の意味ももつが〔▷p.35〕，その意味では
−로서/−으로서が用いられることがある．

[10] 差別［名］【差別】　[11] 同等だ［形］【同等・・】

[12] 実現する［動］

[13] 被害［名］【被害】．피해를 보다《被害をこうむる》．

[14] 願う［動］　[15] 心，気持ち［名］

[16] 切だ，切実だ［形］【懇切・・】

모든 사물[1]에는 이름이 있다

Everything Has a Name

[1] もの [名]【事物】

　내 생애[1]에서 잊을 수 없는, **가장**[2] **중요한**[3] 날은 **나의**[4] **스승**[5] **설리번**[6] 선생님을 만난 날입니다. 선생님을 만난 후 나의 생활이 얼마나 **달라졌는지를**[7] 생각할 때마다 나는 **놀랍니다**[8]. 1887년 3월 3일, 내가 일곱 살이 **되기 3개월 전**[9]의 일이었습니다.

　The most important day I remember in all my life is the one on which my teacher, Anne Mansfield Sullivan, came to me. I am filled with wonder when I consider the immeasurable contrasts between the two lives which it connects. It was the third of March, 1887, three months before I was seven years old.

[1] 生涯 [名]【生涯】　　　　　[2] もっとも [副]
[3] 重要だ [形]【重要・・】　　　[4] 내 に同じ. 書きことばで用いられる.
[5] 師 [名]　　　　　　　　　　[6] アン・サリバン（1866〜1936）.
[7] 다르다《異なる》とⅢ−지다〔▷p.42〕を組み合わせた 달라지다《変わる》の過去語幹に
　　Ⅰ−는지〔▷p.28−29〕をつけたもの.　　[8] 驚く [動]
[9] Ⅰ−기 전《〜する前》〔▷p.70〕の２つの要素の間に期間が挟まったもの.

　그 날 오후, 말을 **할 줄 모르던**[1] 나는 무언가를 **기대하며**[2] **현관**[3]에 서 있었습니다. 어머니의 **거동**[4]이나 집 안 **여기저기**[5]의 **바쁜 듯한**[6] **낌새**[7]를 보면서, 무언가 **예사롭지 않은**[8] 일이 **일어날 듯한**[9] **느낌**[10]이 **들었습니다**[11]. 그래서 나는 현관에 나와 **계단**[12]에서 기다리고 있었습니다. 그 때 나는 나의 **미래**[13]가 얼마나 **놀랍게**[14], 그리고 **훌륭하게**[15] **바뀌게**[16] **될지**[17] **짐작**[18]도 할 수 없었습니다.

　On the afternoon of that eventful day, I stood on the porch, dumb, expectant. I guessed vaguely from my mother's signs and from the hurrying to and fro in the house that something unusual was about to happen, so I went to the door and waited on the steps. .... I did not know what the future held of marvel or surprise for me.

1 말을 하다 は 말하다《話す》に同じ. Ⅱ-ㄹ 줄 모르다 は「～だと思わない」〔▷p.95〕のほか，身につけた能力を用いる動作について「～することができない」をあらわす.

2 期待する［動］【期待‥】. Ⅱ-며 は Ⅱ-면서《～ながら》〔▷p.67〕の書きことば.

3 玄関［名］【玄関】　　　　　　　　4 そぶり［名］【挙動】

5 あちこち［代］.「こ」と「あ」を組み合わせる際には順序が日本語と逆になる.

6 Ⅱ-ㄴ 듯하다 は形容詞に用いられた場合「～そうだ」をあらわす.

7 気配［名］　　　　　　　　　　　8 ふつうだ［形：ㅂ不規則］【例事‥】

9 Ⅱ-ㄹ 듯하다 は し そうだ」をあらわす.

10 感じ，感覚［名］. 느끼다《感ずる》の体言形〔▷p.136-137〕.

11 느낌《感じ，感覚》と 들다《入る》を合わせて「感じがする」を意味する. 생각이 들다《気持ちになる》〔▷p.89〕と同じ用法.

12 階段［名］【階段】　　　　　　　　13 未来［名］【未来】

14 驚くべきだ［形：ㅂ不規則］. Ⅰ-게 は副詞形〔▶p.150〕.

15 すばらしい［形］

16 替わる［動］. 바꾸다《替える》の第Ⅰ語基に母音字 ㅣ を加えた自動詞〔▷p.84〕.

17 Ⅰ-게 되다〔▷p.67〕.　　　　　　18 見当，推測［名］【斟酌】

　　설리번 선생님은 나를 **자기**[1] 방으로 데려가 **인형**[2] 하나를 주셨습니다. 내가 잠시 그 인형을 가지고 놀고 있을 때, 설리번 선생님은 내 **손바닥**[3]에 **천천히**[4] 'd-o-l-l'이라는 단어를 쓰셨습니다. 나는 곧 그 **손가락**[5]**놀이**[6]에 **흥미**[7]를 **갖고**[8] **흥내**[9]**를 내려고 했습니다**[10]. 그리고 **결국**[11] 그 문자를 **정확하게**[12] 쓸 수 있게 되었습니다. 그 때 나는 **어린애**[13] 같은 기쁨과 **자랑스러움**[14]**으로** **아래**[15]층 어머니가 계신 곳으로 **달려가**[16] 손을 올려 'doll'이라는 문자를 썼습니다.

.... she led me into her room and gave me a doll. .... When I had played with it a little while, Miss Sullivan slowly spelled into my hand the word "d-o-l-l." I was at once interested in this finger play and tried to imitate it. When I finally succeeded in making the letters correctly I was flushed with childish pleasure and pride. Running downstairs to my mother I held up my hand and made the letters for doll.

1 自分［名］【自己】　　　　　　　2 人形［名］【人形】
3 手のひら［名］/손빠닥/.　　　　　4 ゆっくり［副］
5 手の指［名］/손까락/.　　　　　　6 遊び［名］
7 興味［名］【興味】　　　　　　　　8 가지다《持つ》の短縮形. 第Ⅰ語基しかない.
9 真似［名］　　　　　　　　　　　　10 흥내 と 내다《出す》を合わせて「真似をする」.

⑪結局［名］【結局】　　　　　　　⑫正確だ［形］【正確・・】
⑬子ども［名］．形容詞 어리다《幼い》の連体形に 아이《子ども》の短縮形 애 を組み合わせたもの．
⑭誇らしい［形：ㅂ不規則］の体言形．　⑮下［名］
⑯走っていく［動］．달리다《走る》と 가다《行く》を合わせた合成動詞〔▷p.82-83〕．

　　그러나[1] 사실 나는 나 **자신**[2]이 단어를 쓰고 있다는 것도 **몰랐고**[3], 단어가 **존재한다**[4]는 사실도 몰랐습니다. 나는 **단지**[5] **원숭이**[6]**같이**[7] 손가락을 **움직인**[8] 것에 **불과했습니다**[9]. 그 후 며칠 **동안**[10] 나는 **여전히**[11] 그 **의미**[12]도 잘 모르면서 많은 단어를 써서 **기억했습니다**[13]. 그 **중**[14]에는 '핀', '**모자**[15]', '컵' 같은 **명사**[16]도 있었고, '앉다', '서다', '걷다'**와 같은**[17] **동사**[18]도 있었습니다. **그러던**[19] 내가 모든 사물에 이름이 있다는 것을 **이해하기까지는**[20] **몇 주일이나 더**[21] 걸렸습니다.

I did not know that I was spelling a word or even that words existed; I was simply making my fingers go in monkey-like imitation. In the days that followed I learned to spell in this uncomprehending way a great many words, among them *pin*, *hat*, *cup* and a few verbs like *sit*, *stand* and *walk*. But my teacher had been with several weeks before I understood that everything has a name.

①しかし［接］〔書きことば〕　　　　②自身［名］【自身】
③過去の別々のことがらを羅列するときに限りⅠ－고 は過去語幹につく．아침을 먹고 학교에 갔다《朝ごはんを食べて学校に行った》のように連続した動作を結ぶ場合は過去のできごとであっても過去語幹にはならない．　　④存在する［動］【存在・・】
⑤ただ［副］【但只】　　　　　　　　⑥猿［名］
⑦名詞に 같이 を続けて「～のように」をあらわす．名詞＋같다《～のようだ》〔▶p.123〕の副詞形．副詞形の 같이 は助詞あつかいされ名詞のあとにつけて書く．
⑧動かす，動く［動］　　　　　　　　⑨過ぎない［動］【不過・・】
⑩名詞の後ろで濃音化する〔▷p.127〕．　⑪依然として［副］【依然・】
⑫意味［名］【意味】　　　　　　　　⑬覚える，記憶する［動］【記憶・・】
⑭中［名］【中】　　　　　　　　　　⑮帽子［名］【帽子】
⑯名詞［名］【名詞】
⑰名詞＋같다《～のようだ》は名詞の後ろに －와/－과 が挟まることがある．
⑱動詞［名］【動詞】．
⑲그러다《そうする》に Ⅰ－던〔▷p.96〕がついたもの．
⑳理解する［動］【理解・・】．助詞は原則名詞につくので Ⅰ－기〔▷p.46-47〕を用いる．
㉑「もう 5 分，あと 5 分」などの表現は朝鮮語では時間を先に置く〔▶p.133〕．

어느[1] 날, 나는 **도자기**[2]로 만든 **새**[3] 인형을 가지고 놀고 있었습니다. 그 때, 설리번 선생님은 큰 **봉제**[4] 인형을 내 **무릎**[5] 위에 놓고, 'd-o-l-l'이라고 썼습니다. 'd-o-l-l'이 도자기 인형에도, 또 봉제 인형에도 맞는 말이라는 것을 나에게 **이해시키려고 한 것입니다**[6]. 그러나 **조금**[7] 전에 선생님과 나는 'm-u-g'와 'w-a-t-e-r'라는 단어 때문에 **신경**[8]이 **날카로워진**[9] **뒤**[10]였습니다. 설리번 선생님은 'm-u-g'가 '컵'이고, 그 안에 **담긴**[11] 'w-a-t-e-r'가 '물'이라는 것을 **구분시키려고**[12] **시도한 것입니다**[13]. **하지만**[14], 나는 두 **가지**[15]를 계속 **혼동했습니다**[16]. 선생님은 **절망해서**[17] 이 문제를 잠시 **접어 두고**[18], **이번**[19]에는 인형을 **가지고**[20] 가르치려고 하셨나 봅니다. 하지만, 그 **이유**[21]를 모르는 나는 선생님이 같은 시도를 **되풀이한다고 생각했고**[22], **신경질**[23]이 나서 도자기로 만든 새 인형을 **바닥**[24]에 **던져**[25] **깨뜨려 버렸습니다**[26].

One day, while I was playing with my new doll, Miss Sullivan put my big rag doll into my lap also, spelled, "d-o-l-l" and tried to make me understand that "d-o-l-l" applied to both. Earlier in the day we had had a tussle over the words "m-u-g" and "w-a-t-e-r." Miss Sullivan had tried to impress upon me that "m-u-g" is *mug* and that "w-a-t-e-r" is *water*, but I persisted in confounding the two. In despair she had dropped the subject for the time, only to renew it at the first opportunity. I became impatient at her repeated attempts and, seizing the new doll, I dashed it upon the floor.

[1] ある［連］．不定詞的用法〔▷p.56〕で어느 날《ある日》．
[2] せともの，陶磁器［名］【陶磁器】　　　[3] 新しい［連］
[4] 縫製［名］【縫製】．봉제 인형《ぬいぐるみ》．
[5] ひざ［名］
[6] 理解させる［動］【理解・・・】．-시키다は使役形〔▷p.116-117〕．
[7] 少し［副］．좀に同じ．　　　[8] 神経［名］【神経】
[9] 鋭い［形：ㅂ不規則］にⅢ-지다〔▷p.42〕がついたもの．
[10] 後［名］
[11] 満たされる［動］．담다《満たす》の受身形〔▷p.84-85〕．
[12] 区分させる［動］【区分・・・】　　　[13] 試みる［動］【試図・・】
[14] しかし［接］．그렇지만に同じ．　　　[15] 種類［名］
[16] 混同する［動］【混同・・】　　　[17] 絶望する［動］【絶望・・】
[18] 引っ込める［動］　　　[19] こんど［名］【・番】〔▷p.139〕．
[20] -를/-을 가지고で「～でもって」つまり「～を用いて」をあらわす．
[21] 理由［名］【理由】　　　[22] 繰り返す［動］

23 神経質［名］【神経質】．신경질이 나다《いらいらする》
24 床［名］　　　　　　　　　25 投げる［動］
26 割る［動］

　　마음①을 **진정시키고자**② 선생님은 나를 데리고 밖으로 나가셨습니다. 우리들은 **덩굴**③의 **향기**④에 **끌려**⑤ **오솔길**⑥을 걸어 내려갔습니다. 그 길의 끝에는 **우물**⑦이 있는 **오두막집**⑧이 있었습니다. 누군가가 우물에서 물을 **긷고 있었습니다**⑨. 선생님은 내 손을 물 **속**⑩에 **담갔습니다**⑪. **찬물**⑫이 **한쪽**⑬ 손에 **뿜어졌을**⑭ 때 선생님은 다른 **한손**⑮에 물이라는 단어를 썼습니다. 나는 **가만히**⑯ 서서 처음에는 천천히, 다음에는 빠르게 움직이는 선생님의 손가락 움직임에 모든 신경을 **집중했습니다**⑰. 그 때였습니다. **갑자기**⑱ 나는 잊고 있었던 어떤 것이 **안개**⑲ 저**쪽**⑳에서 **되살아나는 것**㉑을 느꼈습니다. **언어**㉒의 **신비**㉓가 내 앞에 **다가온 것입니다**㉔. 나는 'w-a-t-e-r'라는 단어가, 손에 **내뿜는**㉕ 이 **멋지고**㉖ **차가운**㉗ 것을 의미한다는 사실을 이 때 **깨달은 것입니다**㉘.

　　We walked down the path to the well-house, attracted by the fragrance of the honeysuckle with which it was covered. Some one was drawing water and my teacher placed my hand under the spout. As the cool stream gushed over one hand she spelled into the other the word *water*, first slowly, then rapidly. I stood still, my whole attention fixed upon the motions of her fingers. Suddenly I felt a misty consciousness as of something forgotten—a thrill of returning thought; and somehow the mystery of language was revealed to me. I knew then that "w-a-t-e-r" meant the wonderful cool something that was flowing over my hand.

1 心［名］
2 落ち着かせる［動］【鎮静・・・】．Ⅰ−고자は書きことばで「〜しようと」．
3 つる［名］　　　　　　　　4 香り［名］【香気】
5 引かれる［動］．끌다《引く》の受身形〔▷p.84−85〕．
6 小道［名］/오솔길/．　　　7 井戸［名］
8 小屋［名］　　　　　　　　9 汲む［動：ㄷ不規則］
10 中［名］．表面から遠いところ（奥，中心部）をあらわす．안《中》は決められた範囲内をあらわす．　　　　　　　11 浸す［動］．基本形は담그다〔▶p.137〕．
12 冷水［名］．물《水》は英語 *water* と同じく温度に関係なく用いる．찬は形容詞차다《冷たい》の連体形．全体で1単語あつかい．　　13 片方［名］

⑭噴く［動］に受身形を作るⅢ−지다〔▷p.85〕がついたもの.

⑮片手［名］　　　　　　　　　⑯じっと，静かに［副］

⑰集中する［動］【集中・・】　　⑱突然［副］

⑲霧，霞［名］　　　　　　　　⑳側［名］

㉑生き返る，よみがえる［動］　㉒言語［名］【言語】

㉓神秘［名］【神秘】　　　　　㉔近づいてくる，迫ってくる［動］

㉕噴き出す［動］　　　　　　　㉖すてきだ［形］

㉗冷たい［形：ㅂ不規則］　　　㉘悟る［動：ㄷ不規則］

나는 우물이 있는 오두막집을 뒤로 **하며**① **돌아오는 길**②에서도 **정신**③ **없이**④ 배웠습니다. 모든 사물에는 이름이 있으며, 하나하나의 이름을 아는 것은 **새로운**⑤ **지식**⑥을 가지는 것임을 알게 되었습니다. 집에 돌아오는 **도중에**⑦ 손에 **닿는**⑧ 모든 것이 **생명**⑨을 가지고 **전율하는 듯이**⑩ 생각되었습니다. 나는 새로운 **시각**⑪에서 모든 것을 보게 된 것입니다. 현관에 **들어설**⑫ 때, 갑자기 깨뜨려 버린 인형이 생각났습니다. 나도 **난로**⑬가 있는 곳으로 **더듬더듬**⑭ 찾아가, 그 **조각**⑮을 **집어**⑯ 들고 **맞추려고 했습니다**⑰. 그 때 내 **눈**⑱에는 **눈물**⑲이 **가득해졌습니다**⑳. 내가 한 **짓**㉑의 의미를 알고 **난생처음**㉒으로 **후회**㉓와 슬픔㉔을 **맛보았기 때문**㉕입니다.

I left the well-house eager to learn. Everything had a name, and each name gave birth to a new thought. As we returned to the house every object which I touched seemed to quiver with life. That was because I saw everything with the strange, new sight that had come to me. On entering the door I remembered the doll I had broken. I felt my way to the hearth and picked up the pieces. I tried vainly to put them together. Then my eyes filled with tears; for I realized what I had done, and for the first time I felt repentance and sorrow.

①Ⅱ−며はⅡ−면서《〜ながら》のほかⅠ−고《〜て》の書きことばでもある.

②戻ってくる［動］. 回って（＝向きを変えて）来るということから，Ⅰ−는 길は直訳も可能だが「〜する途中」の意味もある.　　③精神，意識［名］【精神】

④정신と없이《なく》を合わせて「意識なく」から，自分を振り返ることなく「夢中で」.

⑤新しい［形：ㅂ不規則］　　　　⑥知識［名］【知識】

⑦途中で［副］【途中・】. 나중에《あとで》〔▷p.87〕と同じく−에は「〜で」に相当.

⑧届く［動］　　　　　　　　　　⑨命，生命［名］【生命】

⑩戦慄する［動］【戦慄・・】. Ⅰ−는 듯이は「〜するように」をあらわす. Ⅰ−는 듯하다《〜するようだ》の副詞形.　　⑪視覚［名］【視覚】

12 入る. 入って立ち止まる［動］   13 暖炉［名］【暖炉】

14 手探りで［副］. 擬態語.   15 かけら［名］

16 拾う［動］   17 合わせる［動］

18 目［名］   19 涙［名］

20 いっぱいだ［形］にⅢ－지다〔▷p.42〕がついたもの.

21 (悪い) こと, しわざ［名］   22 生まれてはじめて［名］【・生・・】

23 後悔［名］【後悔】   24 悲しみ［名］. 슬프다《悲しい》の体言形.

25 味わう［動］

그 날, 나는 **매우**① 많은 단어를 **익혔습니다**②. 그 모든 것을 다 **생각해 낼**③ 수 **는**④ **없으나**⑤, 그 중에 '어머니', '아버지', '언니', '선생님'이라는 단어가 **포함되어 있었다**⑥고 기억합니다. 그 날 저녁, **침대**⑦에 **누운**⑧ 내 마음은 즐거움으로 **넘쳐 났습니다**⑨. 나는 **태어나서**⑩ 처음으로 내일이라는 날을 **애타게**⑪ 기다렸습니다. 그 때 나**만큼**⑫ **행복한**⑬ 아이는 없었을 것입니다.

I learned a great many new words that day. I do not remember what they all were; but I do know that *mother*, *father*, *sister*, *teacher* were among them .... It would have been difficult to find a happier child than I was as I lay in my crib at the close of that eventful day and lived over the joys it had brought me, and for the first time longed for a new day to come.

---

① とても［副］   ② 身につける［動］

③ Ⅲ－Ø 내다《～しだす, ～しとげる》という補助動詞〔▶p.157〕とみることもできる.

④ Ⅱ－ㄹ 수 없다《～することができない》に－는《～は》がついたもの〔▶p.154〕.

⑤ Ⅱ－나は書きことばで用いる逆接の語尾.「～するが, ～だが」.

⑥ 含まれる［動］【包含・・】. 포함하다《含む》の受身形〔▷p.85〕.

⑦ ベッド［名］【寝台】   ⑧ 横になる［動：ㅂ不規則］

⑨ 溢れ出る［動］. 넘치다《溢れる》と 나다《出る》からなる合成動詞.

⑩ 生まれる［動］   ⑪ いらだつように［副］

⑫ ～ほど［助］. －처럼《～ほど》〔▷p.51〕とほぼ同じ.

⑬ 幸せだ, 幸福だ［形］【幸福・・】

나는 말에 대한 **열쇠**①를 **얻었던 것입니다**②. 그리고 열심히 그 말을 배웠습니다. **귀**③가 들리는 **어린이**④는 단어를 **획득하기 위해**⑤ **특별한**⑥ **노력**⑦을 **기울일**⑧ 필

요가 없습니다. **그**[9]들은 **타인**[10]의 **입**[11]에서 나오는 말을 움직이면서도 쉽게 알아 듣습니다. 그러나 귀가 **먼**[12] 어린이는 **둔하고**[13], 때로는 힘든 **방법**[14]으로 단어를 잡아 내지 않으면 안 됩니다. 그러나 방법이 **어떻든**[15] **간에**[16] 단어를 배운다는 것은 **대단한**[17] 것입니다. 이름을 짓는 것**으로부터**[18] 한 걸음 한 걸음 **나아가면**[19], 결국 셰익스피어의 **사상**[20]을 이해하기까지의 먼길도 **극복할 수 있습니다**[21].

I had now the key to all language, and I was eager to learn to use it. Children who hear acquire language without any particular effort; the words that fall from others' lips they catch on the wing, as it were, delightedly, while the little deaf child must trap them by a slow and often painful process. But whatever the process, the result is wonderful. Gradually from naming an object we advance step by step until we have traversed the vast distance between our first stammered syllable and the sweep of thought in a line of Shakespeare.

[1]鍵 [名]
[2]得る [動]
[3]耳 [名]
[4]子ども [名]. 어린애의 書きことば.
[5]獲得する [動]【獲得・・】
[6]特別だ [形]【特別・・】
[7]努力 [名]【努力】
[8]傾ける [動]
[9]彼 [代]. 書きことば.
[10]他人 [名]【他人】
[11]口 [名]
[12]遠い [形]. 基本形은 멀다.
[13]のろい, 鈍い [形]【鈍・・】
[14]方法 [名]【方法】
[15]Ⅰーmodels「〜ても, であろうと」.
[16]ともかく [副]【間・】. Ⅰーmodels 간에 の形で用いられることが多い.
[17]たいへんだ, たいそうだ [形]
[18]〜から [助]. 書きことば. ー에서, ー부터, ー에게서のいずれとも置き換えられる.
[19]進んでいく [動]
[20]思想 [名]【思想】
[21]克服する [動]【克服・・】

선생님이 말을 가르치던 **초기**[1], 나는 거의 질문을 하지 않았습니다. 그러나 사물에 대한 지식이 **늘고**[2] 단어를 **점점**[3] 많이 알게 되면서 질문의 **범위**[4]가 **넓어졌습니다**[5]. 더 많은 지식을 얻으려고 **몇 번이고**[6] 같은 문제로 **되돌아간 적도 있었습니다**[7]. 또, **이전**[8]에 **머릿속**[9]에 **그려**[10] **넣었던**[11] 이미지가 새로운 단어를 배우면서 **더욱**[12] **심화되고**[13] **확대되는**[14] 일도 있었습니다.

At first, when my teacher told me about a new thing I asked very few questions. .... but as my knowledge of things grew, and I learned more and more words, my field of inquiry broadened, and I would return again and again to the same subject, eager for further information. Sometimes a new word revived an image that some earlier experience had engraved on my brain.

① 初期［名］【初期】　　　　　② 増える［動］
③ だんだん，しだいに［副］【漸漸】　④ 範囲［名］【範囲】
⑤ 広がる［動］．Ⅲ－지다〔▷p.42〕により動詞化したもの．形容詞は 넓다《広い》/널따/.
⑥ 指定詞－이다《～だ》にⅠ－고のついた形と不定詞的用法〔▷p.56〕をとる一部の疑問詞が組みあわさり「～でも，～であれ」をあらわす.
⑦ 戻っていく［動］　　　　　　⑧ 以前［名］【以前】
⑨ 頭の中［名］．ㅅは合成語に用いられる「あいだのシオッ」〔▷p.101〕.
⑩ 描く［動］．この体言形が그림《絵》.
⑪ 入れる［動］．合成動詞그려넣다《書き込む》とも解釈できる.
⑫ さらに，もっと［副］．더より程度が強い.
⑬ 深化する［動］【深化・・】　　⑭ 拡大する［動］【拡大・・】

나는 '사랑'이라는 단어의 의미를 처음으로 질문했던 그 날 아침의 일을 기억합니다. 내가 많은 단어를 알기 전의 일입니다. 나는 **뜰**①에 **피어 있는**② **제비꽃**③을 **발견하고**④, 선생님이 계신 곳에 가지고 갔습니다. 선생님은 나에게 **뽀뽀**⑤를 해 주시려고 했습니다. 그러나 나는 그 때, 어머니를 **제외한**⑥ 사람의 뽀뽀는 좋아하지 않았습니다. **그러자**⑦ 설리번 선생님은 가만히 나를 **안고**⑧ 손에,

　　"사랑해, 헬렌."

이라고 썼습니다.

I remember the morning that I first asked the meaning of the word, "love." This was before I knew many words. I had found a few early violets in the garden and brought them to my teacher. She tried to kiss me; but at that time I did not like to have any one kiss me except my mother. Miss Sullivan put her arm gently round me and spelled into my hand, "I love Helen."

① 庭［名］
② 咲く［動］．この動詞は第Ⅲ語基が펴にならず例外的に피어となる.
③ すみれ［名］　　　　　　　④ 見つける，発見する［動］【発見・・】
⑤ キス［名］　　　　　　　　⑥ 除く，除外する［動］【除外・・】

⑦ 그러다《そうする》に I -자《～するや》〔▷p.123〕がついたもの.
⑧ 抱く［動］. 子音語幹用言なので I -다, I -다 など第 I 語基と組み合わせる語尾や補助語幹 I -겠- は濃音化する〔▶p.72-73, p.115〕.

"사랑**이라니요**①?"

나는 물었습니다. 선생님은 나를 더욱 **꼬옥**② **끌어안으시면서**③,

"여기야."

라고 하며④ 나의 **심장**⑤을 **가리켰습니다**⑥. 나는 그 때 처음으로 심장이 **뛰고 있다**⑦는 것을 알았습니다. 선생님의 말에 나는 **적지 않게**⑧ **당황하였습니다**⑨. 그 때까지 나는 손에 닿는 것이 아니면 아무것도 이해할 수가 없었기 때문입니다.

나는 손에 들고 있는 제비꽃의 **냄새**⑩를 **맡고**⑪ **반**⑫은 말로 반은 **몸짓**⑬으로,

"사랑**이란**⑭ 꽃의 향기를 말하는 것입니까?"

라는 의미의 질문을 했습니다.

"아니야."

라고 선생님이 말했습니다. 그래서 나는 또 생각했습니다. 그 때 **따뜻한**⑮ **태양**⑯이 우리를 **비추고 있었습니다**⑰.

"What is love?" I asked.

She drew me closer to her and said, "It is here," pointing to my heart, whose beats I was conscious of for the first time. Her words puzzled me very much because I did not then understand anything unless I touched it.

I smelt the violets in her hand and asked, half in words, half in signs, a question which meant, "Is love the sweetness of flowers?"

"No," said my teacher.

Again I thought. The warm sun was shining on us.

① 指定詞に用いる語尾 I -라니《～だとは》にていねいさをあらわす -요 がついたもの. I -라니 そのものに疑問の意味があるのではない.
② 꼭《かならず》は「しっかり」の意味ももち, そこから「ぎゅっと」のように擬態語的にも用いられる. 꼬옥 は伸ばして強調したもの. 「ぎゅうっと」のような感じ.
③ 抱きしめる［動］. 끌다《引く》〔▷p.168〕と 안다《抱く》からなる合成動詞.
④ 間接話法では 여기라고 하다 となるが, 文体を活かしたい, 臨場感を持たせたいなどの理由から直接話法を用いることがある. その場合引用される文全体がいわばひとかたまりの体言あつかいされ I -라고 が用いられる.

⑤心臓［名］【心臓】　　　　　　　　⑥指す［動］

⑦駆ける，飛ぶ，躍る［動］　　　　　⑧少ない［形］．否定の副詞形「少なからず」．

⑨うろたえている［形］【唐慌‥】．動詞として用いる際にはⅢ－하다〔▷p.121〕を用いて 당황해하다《うろたえる》とするのが文法的には正しいが，당황하다のままで動詞的に用いられもする．　　　　　　　　　　　⑩におい［名］

⑪かぐ［動］　　　　　　　　　　　⑫半分［名］【半】

⑬身振り［名］/몸찟/．몸《からだ》に짓《こと》〔▷p.169〕がついた合成語で짓が濃音化したもの〔▷p.100-101〕．ここでは짓が含むマイナスイメージはない．

⑭～とは［助］．終声の有無で－이란/－란を使い分ける．

⑮あたたかい［形］．発音に注意．　　⑯太陽［名］【太陽】

⑰照らす［動］

"이것이 사랑이 아닙니까? 이것이?"

나는 따뜻함이 **비쳐**① 오는 **방향**②을 가리키며 물었습니다.

태양의 따뜻함 **덕분에**③ 모든 것이 **성장하기도 하고**④, 이 **세상**⑤에 태양만큼 아름다운 것은 있을 수 없다고 나는 생각한 것입니다. 그러나 설리번 선생님은 이번에도 아니라고 하셨습니다. 나는 선생님이 나에게 사랑을 **나타낼 수 없다**⑥는 것이 **이상했기에**⑦, **갈피**⑧를 못 잡고 **실망했습니다**⑨.

"Is this not love?" I asked, pointing in the direction from which the heat came, "Is this not love?"

It seemed to me that there could be nothing more beautiful than the sun, whose warmth makes all things grow. But Miss Sullivan shook her head, and I was greatly puzzled and disappointed. I thought it strange that my teacher could not show me love.

①照る［動］．他動詞비추다《照らす》〔▷p.160〕に対応する自動詞．合成動詞비쳐오다《照ってくる》とも解釈できる．　　②方向［名］【方向】

③おかげで［副］【徳分・】．나중에《あとで》〔▷p.87〕や도중에《途中で》〔▷p.169〕と同じく－에は「～で」に相当．

④成長する［動］【声調‥】

⑤世の中［名］【世上】　　　　　　　⑥あらわす［動］

⑦おかしい［形］【異常‥】．体言形を作る語尾Ⅰ－기と助詞－에《～に》を組み合わせて理由をあらわす．

⑧筋道，いきさつ［名］．잡다《つかむ》の不可能形と組み合わせて「見当がつかない」．

⑨がっかりする，失望する［動］【失望‥】

　그리고 하루 **이틀**[1]이 자나고, 나는 **실**[2]에 **구슬**[3]을 **꿰며**[4] 공부를 하고 있었습니다. 두 개의 큰 구슬과 세 개의 작은 구슬 **등**[5]을 **섞어**[6] 꿰어 **균형잡힌**[7] 한 **덩어리**[8]를 만들려고 했습니다. 나는 **여러**[9] 번 시도했으나 그 때마다 **제대로**[10] 하지 못하였고, 설리번 선생님은 **인내심**[11]을 **발휘하여**[12] 몇 번이고 그 **잘못**[13]을 **지적했습니다**[14]. 그 때 설리번 선생님이 나의 **이마**[15]에 손을 **대며**[16] **단호한**[17] 태**도**[18]로 't-h-i-n-k'라고 쓰셨습니다. **순간**[19], 나는 그 단어가 머릿속에서 일어나는 정신 **작용**[20]을 나타내는 말이라는 것을 깨달았습니다. **추상적**[21]인 **관념**[22]을 **명확하게**[23] 이해한 것은 그 때가 처음입니다.

A day or two afterward I was stringing beads of different sizes in symmetrical groups—two large beads, three small ones, and so on. I had made many mistakes, and Miss Sullivan had pointed them out again and again with gentle patience. .... Miss Sullivan touched my forehead and spelled with decided emphasis, "Think."

In a flash I knew that the word was the name of the process that was going on in my head. This was my first conscious perception of an abstract idea.

[1] 二日［名］

[2] 糸［名］

[3] 玉［名］

[4] 通す［動］

[5] など［名］【等】

[6] まぜる［動］

[7] 均整がとれる［動］【均衡・・・】

[8] かたまり［名］

[9] さまざまな，多くの［連］

[10] きちんと，思いどおりに［副］

[11] 忍耐心［名］【忍耐心】

[12] 発揮する［動］【発揮・・】

[13] まちがい［名］

[14] 指摘する［動］【指摘・・】

[15] ひたい［名］

[16] 当てる，触れる［動］

[17] 断固としている［形］【断固・・】

[18] 態度［名］【態度】

[19] 瞬間［名］【瞬間】

[20] 作用［名］【作用】

[21] 抽象的［名］【抽象的】

[22] 観念［名］【観念】

[23] 明確だ［形］【明確・・】

音源吹込　元順暎(ウォン・スニョン)、李玟庭(イ・ミンジョン)、
　　　　　朴天弘(パク・チョノン)

著者紹介
内山政春（うちやま　まさはる）
1965 年東京生まれ．東京外国語大学朝鮮語学科卒業．同大学院修士
課程修了．
ソウル大学大学院国語国文学科博士課程単位取得退学．
朝鮮語学専攻．
法政大学国際文化学部教授．
著書に『国境を越えるヒューマニズム』（共著、法政大学出版局）
『しくみで学ぶ初級朝鮮語 改訂版』（白水社）
論文に「言語名称「朝鮮語」および「韓国語」の言語学的考察」
「朝鮮語の活用を記述する 2 つの方法」
「朝鮮語文法書にあらわれた発音説明の問題点（朝鮮語文）」
「「語基説」における「語幹」と「語基」」など
「漢字圏の固有名詞の読み方に関する言語学的考察」

しくみで学ぶ中級朝鮮語

2022 年 2 月 1 日 印刷
2022 年 2 月 10 日 発行

著　者 ©内　山　政　春
発行者　　及　川　直　志
印刷所　　株式会社梨本印刷

101-0052 東京都千代田区神田小川町 3 の 24
電話 03-3291-7811（営業部），7821（編集部）　　株式会社 白水社
www.hakusuisha.co.jp
乱丁・落丁本は、送料小社負担にてお取り替えいたします。

振替 00190-5-33228　　Printed in Japan　　株式会社島崎製本

ISBN978-4-560-06531-0

■語幹と語尾の組み合わせ■

□その他の表現□

1 読んでさしあげる
읽어 드리 다

2 生きている
살아 있 다

7 行くようになる
가 게 되 다

1 読んでくださる
읽어 주 시 다

14 生きていく
살아 가 다

13 行かせる
가 게 하 다

4 読んでしまう
읽어 버리 다

14 生きてくる
살아 오 다

13 行かせる
가 게 만들 다

11 辛そうにみえる
매워 보이 다

8 辛くてたまらない
매워 죽 겠 다

12 食べて
먹어 가지 고

2 食べるのをやめる
먹 지 말 다

2 食べられない
먹 지 못하 다

6 あるようだ
있 나 보 다

6 あるようだ
있 는가 보 다

6 良いようだ
좋으 ㄴ가 보 다

12 あるとおりに
있 는 대로

9 食べはじめる
먹 기 시작하 다

7 食べる前
먹 기 전

3 食べるのだ
먹 는 것 이 다

15 食べおわる
먹 고 나 다

14 食べるあいだ
먹 는 동안

3 食べたのだ
먹으 ㄴ 것 이 다

10 食べやすい
먹 기 쉽 다

4 食べたあと
먹으 ㄴ 후

3 良いのだ
좋으 ㄴ 것 이 다

10 食べにくい
먹 기 어렵 다

10 食べてから
먹으 ㄴ 지

4 食べるつもりだ
먹으 ㄹ 것 이 다

12 食べるため
먹 기 위하 다

11 食べるため
먹 기 때문

5 食べることは食べる
먹 기 는 먹 다

5 食べはする
먹 기 는 하 다

5 食べてばかりいる
먹 기 만 하 다

5 食べもする
먹 기 도 하 다

5 食べることにする
먹 기 로 하 다

14 食べることになる
먹 기 로 되 다

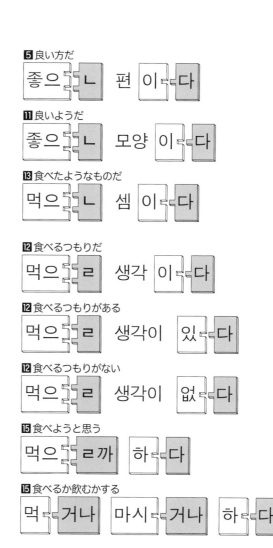

⑤ ある方だ
있 는 편 이 다

⑪ あるようだ
있 는 모양 이 다

⑬ あるようなものだ
있 는 셈 이 다

③ 食べるつもりだから／食べるだろうから
먹으 ㄹ 터 ㅣ 니까

⑥ 食べるはずだが
먹으 ㄹ 터 ㅣ ㄴ데

⑤ 食べようと思う
먹으 려 고 하 다

⑭ 食べるにあたいする
먹으 ㄹ 만하 다

⑥ 食べたり飲んだりする
먹 고 마시 고 하 다

⑩ 遅れていると思う
늦 는 줄 알 다

⑩ 遅れたと思う
늦으 ㄴ 줄 알 다

⑩ 遅れると思う
늦으 ㄹ 줄 알 다

⑤ 良い方だ
좋으 ㄴ 편 이 다

⑪ 良いようだ
좋으 ㄴ 모양 이 다

⑬ 食べたようなものだ
먹으 ㄴ 셈 이 다

⑫ 食べるつもりだ
먹으 ㄹ 생각 이 다

⑫ 食べるつもりがある
먹으 ㄹ 생각이 있 다

⑫ 食べるつもりがない
먹으 ㄹ 생각이 없 다

⑮ 食べようと思う
먹으 ㄹ까 하 다

⑮ 食べるか飲むかする
먹 거나 마시 거나 하 다

⑩ 遅れていると思わない
늦 는 줄 모르 다

⑩ 遅れたと思わない
늦으 ㄴ 줄 모르 다

⑩ 遅れると思わない
늦으 ㄹ 줄 모르 다

■語幹，補助語幹と語尾の組み合わせ■

⑥ 生きていた
살아 ㅆ어 ㅆ 다

⑥ 死にそうだ
죽 겠 다

⑫ あったらいいのだが
있어 ㅆ으 면 좋 겠 다

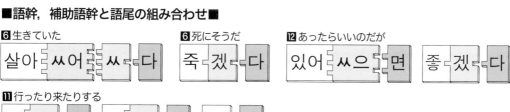

⑪ 行ったり来たりする
와 ㅆ 다 가 ㅆ 다 하 다

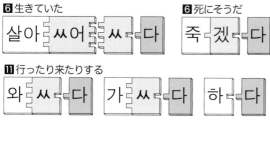

＜裏面に続きます＞

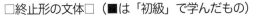

■語幹と語尾の組み合わせ■

□終止形の文体□（■は「初級」で学んだもの）

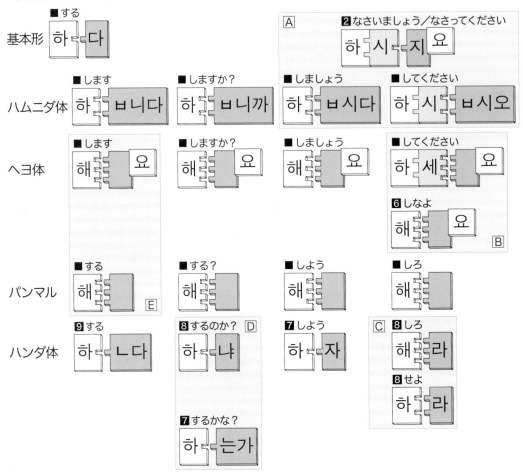

Ａ ハムニダ体の命令形は用言をかならず尊敬形にして用います．勧誘形は形の上では他のハムニダ体と揃っていますが，それほどていねいな響きはないので，親しい関係にある人に向かって用います．命令形，勧誘形とも，Ⅱ−시죠を用いるのがもっともていねいです〔▷p.24–25〕．

Ｂ ヘヨ体は4つの意味が同じ形であらわせるはずですが，命令として用いるときにかぎり用言を尊敬形にして用います．ハムニダ体とヘヨ体はともに日本語の「ですます形」にあたるていねいな形で，ハムニダ体が用言を尊敬形にしているのに合わせるためです〔▶p.139〕．実際には尊敬形にせずに用いることもあるのですが，ていないな形ではありません〔▷p.60〕．

Ｃ ハンダ体の命令形には話しことばⅢ−라といかめしい書きことばⅡ−라の2種類があります．ただし間接話法（引用形）では後者のみを用います〔▷p.75〕．

Ｄ ハンダ体を日本語の「である形」のように新聞，書籍，レポートなど文章語として用いる場合，疑問形はⅠ−냐ではなくⅠ−는가（またはⅡ−ㄴ가）を用いるのが一般的です（ただし間接話法（引用形）ではⅠ−냐を用います）．Ⅰ−는가には平叙形Ⅰ−네（感嘆形とは別です）があり，つまりⅠ−는가はハネ体という文体の疑問形なのですが，中級の範囲を超えるので本書ではハネ体そのものは扱いません．

Ｅ 狭い意味では（もちろん平叙形以外も含めて）Ⅲ−∅をパンマル，これに−요を加えたものをヘヨ体と呼びますが，本書ではさらに−요の有無で「ですます形」と「タメグチ」を区別する語尾（Ⅰ−는데など）を含めてパンマル，ヘヨ体と呼ぶことにしています．そのためハンダ体はパンマルとみなしません．